Germania Mort à Berlin

OUVRAGES D'HEINER MULLER

HAMLET-MACHINE et autres pièces.
GERMANIA MORT À BERLIN et autres textes.
LA BATAILLE et autres textes.
LA MISSION et autres pièces.
CIMENT *suivi de* LA CORRECTION.

Heiner Müller est né en 1929 à Eppendorf en Saxe. Il est mort à Berlin en janvier 1996.
Les pièces Rivage à l'abandon... *et* Paysage sous surveillance *ont été écrites respectivement en 1982 et 1984,* Pièce de cœur *en 1981,* Germania Mort à Berlin *en 1956/71,* Medeaspiel *en 1974,* Le dieu Bonheur *en 1958. Quant aux poèmes* Seul avec ces corps, Carie dentaire à Paris *et* Motif chez A.S., *ils furent écrits respectivement en 1975, 1981 et 1958.*

HEINER MULLER

Germania
Mort à Berlin

LES ÉDITIONS DE MINUIT

ISBN 2-7073-1032-8

Rivage à l'abandon
Matériau-Médée
Paysage avec Argonautes

traduit de l'allemand par
Jean Jourdheuil et Heinz Schwarzinger

RIVAGE A L'ABANDON

Lac près de Straussberg Rivage à l'abandon Trace
D'Argonautes aux fronts bas
Brosses de roseaux
Branches mortes
CET ARBRE NE S'ÉLÈVERA PAS AU-DESSUS DE MOI
Poissons crevés
Scintillant dans la vase Emballages de gâteaux secs
Étrons FROMMS ACT CASINO
Les garnitures périodiques en lambeaux Le sang
Des femmes de la Colchide
OUI MAIS FAIS ATTENTION
OUI OUI OUI OUI
VULVE BOUEUSE LUI DIS-JE CET HOMME EST A MOI
BAISE-MOI VIENS CHÉRI
Jusqu'à ce que l'Argo lui brise le crâne le navire
[désormais
Inutile
Suspendu dans l'arbre hangar et latrines des
[vautours aux aguets
Ils traînent dans le métro visages de papier journal
[et de salive

Membre nu dans le pantalon regard fixé sur la chair
Maquillée rigole d'écoulement contre trois semaines
[de salaire jusqu'à ce que le maquillage
Craque Leurs femmes tiennent le repas au chaud
[mettent la literie à la fenêtre brossent
Le vomi sur le costume de dimanche tuyaux d'éva-
[cuation
Lâchant les enfants par fournées contre l'assaut des
[vers
L'eau-de-vie est bon marché
Les enfants pissent dans les bouteilles vides
Rêve d'une énorme
Copulation à Chicago
Femmes maculées de sang
Dans les morgues
Les morts ne regardent pas fixement par la fenêtre
Ne tambourinent pas dans les toilettes
Ce qu'ils sont Terre conchiée par les survivants
QUELQUES PENDUS A DES PYLONES LA LANGUE TIRÉE
SUR LE VENTRE UN ÉCRITEAU JE SUIS UN LÂCHE
Mais tout au fond Médée son frère
Dépecé dans les bras Celle qui connaît
Les poisons

MÉDÉE-MATÉRIAU

MÉDÉE : Jason Mon bonheur et mon malheur
Nourrice
Où est mon mari

NOURRICE : Chez la fille de Créon madame
MÉDÉE : Chez Créon as-tu dit
NOURRICE : Chez la fille de Créon
MÉDÉE : Tu as bien dit chez la fille de Créon Et
Pourquoi pas chez la fille de Créon qui doit avoir
De l'influence sur Créon son père qui
Peut nous accorder droit de cité à Corinthe
Ou nous chasser dans un autre exil
A l'instant même peut-être embrasse-t-il Jason
De ses prières ses genoux sans rides
Pour moi et ses fils qu'il aime
Tu pleures ou tu ris nourrice
NOURRICE : Maîtresse je
Suis plus vieille que mes pleurs et que mes rires
MÉDÉE : Comment fais-tu pour vivre dans les ruines
[de ton corps
Avec les fantômes de ta jeunesse nourrice
Apporte un miroir Mais ce n'est pas Médée
Jason
JASON : Femme quelle voix
MÉDÉE : On
Ne me désire pas ici Que la mort m'emporte
Trois fois cinq nuits Jason tu ne m'as
Appelée ni de ta voix
Ni de la voix d'un esclave ni
De la main ni du regard
JASON : Que veux-tu
MÉDÉE : Mourir
JASON : J'ai souvent entendu cela
MÉDÉE : Ne signifie-t-il ce corps
Plus rien pour toi Veux-tu boire mon sang Jason
JASON : Quand cela cessera-t-il

MÉDÉE : Quand cela a-t-il commencé
  Jason
JASON : Avant qu'étais-tu femme
MÉDÉE : Médée
  Tu me dois un frère Jason
JASON : Pour un frère je t'ai donné deux fils
MÉDÉE : Donné Les aimes-tu Jason tes fils
  Veux-tu les ravoir tes fils
  Ils sont à toi Qu'est-ce qui pourrait m'appartenir
                                        [à moi ton esclave
  Tout en moi est à toi instrument tout entière
  Pour toi j'ai tué et enfanté
  Moi ta chienne ta putain moi
  Moi barreau sur l'échelle de ta gloire
  Ointe de tes déjections sang de tes ennemis
  Et voudrais-tu pour commémorer ta victoire
  Sur mon pays et mon peuple qui fut ma trahison
  De leurs entrailles tresser une couronne
  Autour de tes tempes ils sont à toi
  Mon bien la vision des massacrés
  Les cris des écorchés ma propriété
  Depuis que j'ai quitté la Colchide ma patrie
  Suivant ta trace sanglante du sang des miens
  Pour ma nouvelle patrie la trahison
  Aveugle à cette vision sourde aux cris
  J'étais jusqu'à ce que tu aies déchiré le filet
  Tissé de mon et de ton plaisir
  Qui était notre demeure à présent mon exil
  Dans ses mailles me voici disloquée
  La cendre de tes baisers sur les lèvres
  Entre les dents le sable de nos années
  Sur la peau rien que ma sueur

Ton souffle la puanteur d'un autre lit
Un homme donne la mort à sa femme en cadeau
[d'adieu
Ma mort n'a pas d'autre corps que le tien
Si tu es mon mari je suis encore ta femme
Que ne puis-je de mes dents te l'arracher ta putain
Avec laquelle tu m'as trahie ainsi que ma
Trahison qui fut ton plaisir Merci de ta
Trahison qui me rend des yeux
Pour voir ce que j'ai vu cette vision Jason
Qu'avec les bottes de ta troupe
Tu as peintes sur ma Colchide des oreilles
Pour entendre la musique que tu as jouée
Avec les mains de ta troupe et les miennes
A moi qui étais ta chienne et ta putain
Sur corps os tombeaux de mon peuple
Et mon frère Mon frère Jason
Qu'en travers de la route de tes poursuivants j'ai
[jeté
Dépecé de ces mains les miennes de sa sœur
Pour que tu échappes à ce père dépouillé
Le mien et le sien Aimes-tu tes fils
Veux-tu les ravoir tes fils
Tu me dois un frère Jason
Qui aimez-vous le plus Le chien ou la chienne
Quand vous faites les yeux doux à votre père
Et à sa nouvelle chienne et au roi
Des chiens son père ici à Corinthe
Peut-être votre place est-elle à son auge
Prends Jason ce que tu m'as donné
Les fruits de la trahison issus de ta semence
Et fourre-les dans les entrailles de ta putain

Mon cadeau de mariage pour tes et ses noces
Allez avec votre père qui vous aime A tel point
Qu'il chasse du pied votre mère cette barbare
Parce qu'elle fait obstacle à votre ascension
Ne voulez-vous pas vous asseoir à la haute table
J'étais la vache à lait votre repose-pied à présent
C'est ce que vous voulez Ne vois-je pas briller dans
[vos yeux
Le bonheur anticipé des ventres pleins
Pourquoi vous agripper encore à cette barbare
Qui est votre mère et votre marque d'infamie
Des comédiens voilà ce que vous êtes Des enfants
[de la trahison
Plantez vos dents dans mon cœur et partez
Avec votre père qui a fait de même avant vous
Laisse-moi les enfants Jason un jour encore
Et je me retirerai dans mon désert
Tu me dois un frère Jason
Je ne puis pas haïr longtemps ce que tu aimes
L'amour vient et passe Je n'ai pas été sage
De l'oublier Pas de rancune entre nous
Ma robe de mariée prends-la en cadeau de noces
[pour
Qu'il est dur à ma bouche ce mot ta jeune mariée
Qui va enlacer ton corps pleurer
Sur ton épaule gémir parfois dans l'ivresse
Que la robe de l'amour mon autre peau
Brodée par les mains de la femme dépouillée
Avec l'or de la Colchide et teinte du sang
Des pères frères fils lors du repas de noces
Habille ton nouvel amour comme
De ma peau Ainsi je serai proche de toi

Proche de ton amour on ne peut plus loin de
[moi
Eh bien pars pour tes nouvelles noces Jason
Je ferai de la jeune mariée une torche nuptiale
Regardez maintenant votre mère vous offrir un
[spectacle
Voulez-vous la voir brûler la jeune mariée
La robe de la barbare a le pouvoir
De s'unir mortellement à une autre peau
Blessures et cicatrices font un bon poison
Et la cendre qui était mon cœur crache du feu
La mariée est jeune non une chair ferme lisse
Que n'ont ravagée ni l'âge ni aucun enfantement
Sur son corps à présent j'écris mon spectacle
Je veux vous entendre rire quand elle criera
Avant minuit elle sera en flammes
Mon soleil se lèvera sur Corinthe
Je veux vous voir rire quand pour moi il se lèvera
Partager ma joie avec mes enfants
Voici le fiancé dans la chambre nuptiale
Le voici qui dépose aux pieds de sa jeune épouse
La robe de mariée de la barbare mon cadeau de
[noces
Imbibé de ma sueur de soumission
La voici qui se campe la putain devant le miroir
Voici l'or de la Colchide qui obstrue les pores de
[sa peau
Plante dans sa chair une forêt de couteaux
La robe de mariée de la barbare célèbre ses noces
Jason avec ta virginale épouse
La première nuit m'appartient C'est la dernière
La voici qui crie Avez-vous des oreilles pour ce cri

Ainsi criait la Colchide quand vous étiez dans mes
[entrailles
Elle crie toujours Avez-vous des oreilles pour ce
[cri
Elle brûle Riez Je veux vous voir rire
Mon spectacle est une comédie Riez
Quoi Des larmes pour la jeune mariée Ah mes
[petits
Traîtres Vous n'aurez pas pleuré pour rien
Je veux de mon cœur vous arracher vous
La chair de mon cœur Ma mémoire Mes chéris
Le sang de vos veines rendez-le-moi
Réintégrez mon corps vous entrailles
C'est aujourd'hui l'échéance Jason Aujourd'hui
Ta chère Médée recouvre son dû
Pouvez-vous rire maintenant La mort est un pré-
[sent
De mes mains vous allez le recevoir
J'ai abandonné en ruines derrière moi
Ma patrie maintenant derrière nous mon exil
De peur qu'à ma honte il ne devienne votre patrie
De ces humaines mains les miennes Ah
Que ne suis-je restée l'animal que j'étais
Avant qu'un homme ne fît de moi sa femme
Médée la barbare Maintenant dédaignée
De ces mains-là les miennes les mains
O combien gercées rougies usées de la barbare
Je veux déchirer l'humanité en deux
Et demeurer dans le vide au milieu Moi
Ni femme ni homme Qu'avez-vous à crier Pire que
[la mort
Est la vieillesse Vous baiseriez la main

Qui vous fait don de la mort si vous connaissiez la
[vie
C'était Corinthe Qui êtes-vous Qui vous a
Revêtus du corps de mes enfants
Quel animal dans vos yeux se cache
Faites les morts Vous ne tromperez pas votre mère
Des comédiens voilà ce que vous êtes des men-
[teurs et des traîtres
Une demeure pour chiens rats serpents
Ça aboie couine siffle Je l'entends bien
Oh je suis maligne je suis Médée Je
N'avez-vous plus de sang Maintenant plus aucun
[bruit
Les cris de la Colchide aussi se sont tus Et plus rien
JASON : Médée
MÉDÉE : Nourrice Connais-tu cet homme

PAYSAGE AVEC ARGONAUTES

Voulez-vous que je parle de moi Moi qui
De qui est-il question quand
Il est question de moi Qui est-ce Moi
Sous l'averse de fiente Dans la peau de calcaire
Ou encore Moi un drapeau un
Lambeau sanglant à la fenêtre Un flottement
Entre le néant et personne à condition qu'il y ait du
[vent
Moi déjection d'un homme Moi déjection

D'une femme Lieu commun sur lieu commun Moi [enfer rêvé
Qui porte mon nom par hasard Moi angoisse
De mon nom de hasard
MON GRAND-PÈRE ÉTAIT
CRÉTIN EN BÉOTIE
Moi mon périple
Moi mon invasion Ma colonisation
Traversée des banlieues Moi Ma mort
Sous l'averse de fiente Dans la peau de calcaire
L'ancre de marine est l'ultime cordon ombilical
Avec l'horizon s'évanouit la mémoire de la côte
Les oiseaux sont un adieu Sont un revoir
L'arbre abattu laboure le serpent la mer
Mince entre moi et ce qui n'est plus moi la coque
LA FIANCÉE DU MARIN C'EST LA MER
Les morts dit-on sont debout au fond
Nageurs verticaux Jusqu'à ce que leurs os reposent
Accouplement des poissons dans la poitrine vidée
Coquillages incrustés au sommet du crâne
La soif synonyme de feu
L'eau le nom de ce qui brûle sur la peau
La faim ronge les gencives le sel les lèvres
Les obscénités aiguillonnent la chair solitaire
Jusqu'à ce que l'homme saute à la gorge de l'homme
La chaleur des femmes une ritournelle
Les étoiles des panneaux de signalisation froids
Le ciel exerce une surveillance glaciale
Ou bien le débarquement désastreux Face à la mer
Le claquement des boîtes de bière
LA VIE D'UN HOMME
Souvenir d'une bataille de chars

Ma traversée des banlieues Moi
Entre ruines et gravats croît
LE NOUVEAU Clapiers de fornication à chauffage
[urbain
Le petit écran vomit le monde dans la pièce
L'usure calculée d'avance Le container
Sert de cimetière Des silhouettes dans les décombres
Indigènes du béton Parade
Des zombies hachée de spots publicitaires
Dans les uniformes de la mode d'hier matin
La jeunesse d'aujourd'hui Spectres
Des morts de la guerre qui aura lieu demain
CE QUI RESTE LES BOMBES L'ENGENDRENT
Dans un fastueux accouplement d'albumine et de fer
[blanc
Les enfants inventent des paysages d'ordures
Une femme sera l'éclaircie habituelle
ENTRE LES CUISSES
LA MORT A UN ESPOIR
Ou le rêve yougoslave
Entre des statues brisées fuyant
Devant une catastrophe inconnue
La mère la vieille bâtée à sa remorque
En armure rouillée L'AVENIR marche à ses côtés
Un troupeau de comédiens passe au pas cadencé
NE VOYEZ-VOUS PAS QU'ILS SONT DANGEREUX CE SONT
DES COMÉDIENS CHAQUE PIED DE CHAISE VIVANT UN
[CHIEN
Boue de mots sortant
De mon corps qui n'est à personne déserté
Comment échapper à cette broussaille
De mes rêves qui prolifère autour de moi

Sans bruit lentement et se referme
Un lambeau de Shakespeare
Au paradis des bactéries
Le ciel est un gant en chasse
Masqué par des nuages d'architecture inconnue
Halte sur l'arbre mort Les infirmières garde-cadavres
Mes doigts courent dans le vagin
La nuit à la fenêtre entre ville et paysage
Nous contemplâmes la lente agonie des mouches
Ainsi devant Rome s'extasiait Néron
Jusqu'à ce que la voiture soit avancée Du sable dans [la mécanique
Un loup se tenait sur la route quand elle partit en [morceaux
Voyage en car dans l'aube à gauche et à droite
Les infirmières un nuage de vapeur sous leurs robes [Le zénith
Répandait leur cendre sur ma peau
Pendant le voyage nous entendîmes se déchirer [l'écran
Et vîmes les images se télescoper
Les forêts brûlaient en EASTMAN COLOR
Mais le voyage était sans fin NO PARKING
A l'unique carrefour Polyphème
D'un seul œil réglait la circulation
Notre port était un cinéma désaffecté
Les stars en concurrence pourrissaient sur l'écran
Dans le hall Fritz Lang étranglait Boris Karloff
Le vent du sud jouait avec de vieilles affiches
OU BIEN CE DÉBARQUEMENT DÉSASTREUX Les nègres [morts
Plantés comme des pieux dans le marais

Dans l'uniforme de leurs ennemis
DO YOU REMEMBER DO YOU NO I DON'T
Le sang séché
Fume sous le soleil
Le théâtre de ma mort
Avait déjà commencé quand j'étais entre les monta-
[gnes
Entouré de mes compagnons tués sur cette pierre
Et au-dessus de moi apparut l'avion tant attendu
Sans y penser je savais
Que cette machine était
Ce que mes grand-mères avaient appelé Dieu
Le souffle balaya les cadavres de la plate-forme
Et des coups de feu éclatèrent dans ma fuite titubante
Je sentis MON sang sortir de MES veines
Et MON corps devenir le paysage
De MA mort
ME TIRER DANS LE DOS LE PORC
Le reste est poésie Qui a de meilleures dents
Le sang ou la pierre

Le texte nécessite le naturalisme de la scène. *Rivage à l'abandon* peut se jouer pendant que se déroule, par exemple, le programme d'un peepshow, *Matériau-Médée* au bord d'un lac près de Straussberg qui serait une piscine envasée à Beverly Hills ou une salle de bains d'une clinique psychiatrique. Tout comme *Mauser* présuppose une société de la transgression dans laquelle un condamné à mort peut faire en sorte que sa mort réelle, sur scène, devienne une expérience collective, de même *Paysage avec Argonautes* présuppose les catastrophes auxquelles travaille l'humanité actuelle. La contribution du théâtre pour les prévenir ne peut être que leur représentation.

Le paysage pourrait être une étoile éteinte sur laquelle une équipe de secours d'un autre temps ou d'un autre espace entendrait une voix et découvrirait un mort. Comme dans tout paysage, le « je », dans cette partie du texte, est collectif. La simultanéité des trois parties du texte peut être représentée comme on veut.

Paysage sous surveillance

traduit de l'allemand par
Jean Jourdheuil et Jean-François Peyret

Un paysage entre steppe et savane, le ciel bleu de Prusse, deux nuages gigantesques, d'architecture inconnue en tout état de cause, y flottent comme tenus par un squelette de fils, le plus gros à gauche pourrait être un animal en caoutchouc échappé d'un parc d'attractions, ou un morceau d'Antarctique dans son vol de retour, à l'horizon des montagnes plates, sur la droite du paysage un arbre, à y regarder de plus près ce sont trois arbres de hauteur différente en forme de champignon, tronc contre tronc, peut-être provenant d'une même souche, la maison au premier plan de fabrication plutôt industrielle qu'artisanale, du béton probablement : une fenêtre, une porte, le toit caché par le feuillage de l'arbre qui, devant la maison, s'élève au-dessus d'elle, il est d'une autre essence que le groupe d'arbres à l'arrière-plan, son fruit est visiblement comestible, ou propre à empoisonner des hôtes, une coupe en verre sur une table de jardin, encore à demi dans l'ombre de la couronne de l'arbre, offre six ou sept de ces fruits semblables à des citrons, de la position de la table, bricolée grossièrement, les pieds en croix sont des troncs de jeunes bouleaux avec leur écorce, on peut conclure que le soleil, ou du moins ce qui éclaire cet endroit à l'instant de l'image, est au zénith, peut-être LE SOLEIL est-il là toujours et POUR L'ÉTERNITÉ : qu'il se déplace rien dans l'image ne le prouve, et les nuages, si ce sont bien des nuages, flottent peut-être sur place, le squelette de fils leur fixation à une planche bleue tachetée arbitrairement appelée CIEL, sur une branche un oiseau, le feuillage dissimule son identité, ce peut être un vautour ou un paon ou un vautour à tête de paon, regard et bec pointés sur une femme qui occupe la partie droite de l'image, sa tête coupe la chaîne des montagnes, le visage est doux, très jeune, le nez trop long, tuméfié à la racine, peut-être un coup de poing, le regard tourné vers le sol, comme s'il ne pouvait oublier une image et/ou refusait d'en voir une autre, les cheveux longs et bouclés, blonds ou gris, la lumière vive ne fait pas la différence, les vêtements un manteau de peau, troué, coupé pour des épaules plus larges, sur un mince chemisier élimé, probablement du lin, de la manche droite trop large qui s'effrange un avant-bras frêle lève une main jusqu'à la hauteur du cœur, ou plus exactement du sein gauche, un geste de défense ou du langage des sourds-muets, la défense répond à une frayeur familière, le coup choc impact a eu lieu, la détonation s'est produite, la blessure ne saigne plus, recommencer ce serait tirer dans le vide où la peur n'a pas de place, le visage de la femme devient lisible si la deuxième supposition est la bonne, un visage de rat, un ange des rongeurs, les mâchoires mastiquent des cadavres de mots et des déchets de paroles, la manche gauche déchirée comme après un accident ou l'agression féroce de quelque chose, bête ou machine, curieux que le bras n'ait pas été blessé, à moins que les taches brunes sur la manche ne soient du sang coagulé, le geste de la main droite aux longs doigts répond-il à une douleur dans l'épaule gauche, le bras pend-il inerte dans la manche parce qu'il est cassé, ou paralysé par une blessure, le bras est coupé à la hauteur de la main par le cadre, la main pourrait être une griffe, un moignon (peut-être couvert d'une croûte) ou un croc, la femme est jusqu'au-dessus des genoux dans le néant, amputée par le cadre, ou bien surgit-elle du sol comme l'homme sort de la maison et y redisparaît-elle comme l'homme dans la maison, jusqu'à ce que s'ensuive ce mouvement continuel qui fait sortir du cadre, le vol, la propulsion, la rotation des racines faisant pleuvoir morceaux de terre et eaux des nappes souterraines, visible entre deux regards, quand TOUT ÉTANT VU l'œil se referme sur l'image en clignant, entre arbre et femme l'unique fenêtre grande ouverte, les rideaux volent au-dehors, l'ouragan semble provenir de la maison, dans les arbres pas la moindre trace de vent, ou bien la femme par sa seule présence attire ou provoque l'ouragan qui l'a attendue dans la cendre de la cheminée, qu'est-ce ou qui est-ce qui a été brûlé, un enfant, une autre femme, un amant, ou bien la cendre est tout ce qui reste d'elle, son corps emprunté au fonds de réserve des cimetières, l'homme dans l'ouverture de la porte, le pied droit encore à demi sur le seuil, le gauche déjà posé sur la terre brune parsemée d'herbe qu'un soleil inconnu dessèche, tient dans sa main droite bras tendu, à la façon d'un chasseur, à la jointure de l'aile, un oiseau, la main gauche équipée de longs doigts recourbés furète dans le plumage que l'angoisse de la mort a hérissé, le bec de l'oiseau s'ouvre grand pour un cri que l'observateur n'entend pas, silencieux aussi pour l'oiseau dans l'arbre, les oiseaux ça ne l'intéresse pas, le squelette de son congénère fixé au mur intérieur veiné de noir, visible dans le rectangle de la fenêtre, qu'il ne peut pas voir de sa place dans l'arbre, n'aurait pas de message pour lui, l'homme sourit, son pas est léger, un pas de danse, impossible de savoir s'il a déjà vu la femme, peut-être est-il aveugle, son sourire la prudence de l'aveugle, il voit avec les pieds, chaque pierre que heurte son pied se rit de lui, ou bien le sourire de l'assassin qui se rend à son travail, que va-t-il se passer à la table aux pieds en croix avec dessus la coupe de fruits pleine et le verre de vin renversé, brisé, dans lequel clapote le reste d'un liquide noir qui, coulant sur la table et jusqu'au bord, se répand par terre sous la table en flaques, devant, la chaise au grand dossier a quelque chose de particulier : ses quatre pieds à mi-hauteur sont attachés par une ficelle comme pour empêcher qu'elle se casse, une deuxième chaise jetée derrière l'arbre à droite gît, le dossier cassé, la ficelle de consolidation juste un Z pas un rectangle, peut-être un premier renfort, quel poids a donc cassé la chaise, rendu l'autre branlante, un meurtre peut-être, ou un coït brutal, ou les deux à la fois, l'homme sur la chaise, la femme au-dessus de lui, son membre dans le vagin, la femme encore alourdie par la terre de sa sépulture d'où elle est parvenue à s'extraire pour rendre visite à l'homme, par les eaux souterraines qui ruissellent de son manteau de peau, son mouvement d'abord un doux balancement, puis une chevauchée de plus en plus violente, jusqu'à ce que l'orgasme écrase le dos de l'homme contre le dossier de la chaise qui cède en craquant, le dos de la femme contre l'arête de la table renversant le verre de vin, la coupe chargée de fruits se met à glisser, et, lorsque la femme se rejette en avant, ses bras enlacent l'homme, ses bras à lui elle sous son manteau de peau, ils se plantent l'un l'autre les dents dans le cou, le verre s'immobilise en même temps que la table juste au bord, ses mains autour de son cou à elle pouce contre pouce, d'abord comme par jeu, seuls les majeurs se touchent, puis, lorsque la femme se cabre contre le dossier de la chaise, lui plante ses ongles dans les muscles des bras, les veines de son cou et de son front deviennent visibles, le sang lui monte à la tête, son visage devient violacé, ses jambes par saccades cognent le plateau de la table, le verre de vin se renverse, la coupe se met à glisser, l'étrangleur referme le cercle, pouce contre pouce, doigt contre doigt, jusqu'à ce que les mains de la femme lâchent prise et que le petit craquement du larynx ou des vertèbres indique la fin du travail, peut-être que sous ce poids à nouveau mort, lorsque l'homme retire ses mains, le dossier de la chaise cède, ou que la femme tombe en avant le visage violacé sur le verre de vin d'où le liquide sombre, vin ou sang, cherche son chemin vers le sol, ou bien l'ombre qui frange le cou de la femme provient d'un coup de couteau sous le menton, les franges le sang séché de la blessure en travers du cou, noires de sang coagulé aussi les mèches de cheveux à droite du visage, indice laissé par l'assassin gaucher du seuil de la porte, son couteau écrit de droite à gauche, il fait une bosse sous l'étoffe de sa veste, il en aura de nouveau besoin quand le verre brisé aura recollé ses morceaux et que la femme s'approchera de la table sans cicatrice au cou, ou bien ce sera la femme, l'ange assoiffé, qui déchirera de ses dents le cou de l'oiseau et versera le sang de la gorge ouverte dans le verre, la nourriture des morts, le couteau n'est pas pour l'oiseau, le visage de l'homme jusqu'à la hauteur des yeux a la couleur du sol, le front et la main visible, l'autre est cachée par la prise dans le plumage, sont blancs comme du papier, pour son travail dehors on dirait qu'il porte des gants, pourquoi pas à l'instant de l'image, et quelque chose comme un chapeau contre l'astre ardent qui éclaire le paysage et tue ses couleurs, quel serait son travail hormis le meurtre peut-être quotidien de la femme qui ressuscite peut-être quotidiennement, dans ce paysage les bêtes ne sont plus que des nuages, nulle main ne peut les saisir, l'oiseau dans l'arbre est la dernière réserve, un appeau suffit à l'attraper, inutile d'arracher l'herbe, le SOLEIL, peut-être une multitude de SOLEILS, la brûle, les fruits de l'arbre où est l'oiseau sont vite cueillis, les doigts fureteurs de l'étrangleur, ont-ils autour de la chaîne de montagnes plates tissé le grillage métallique, d'où seul émerge à découvert un sommet arrondi blanc comme du papier, protection contre la chute de pierres causée par la circulation des morts à l'intérieur de la terre, pulsations secrètes de la planète que l'image évoque, protection ayant prétention à la durée peut-être quand la croissance des cimetières grâce à l'appoint de l'assassin présumé sur le seuil et de l'oiseau vite digéré dans l'arbre, il y a place au mur pour son squelette, aura atteint sa limite, ou bien le mouvement se renverse quand les morts sont au complet, le grouillement des tombes devient ouragan de la résurrection qui fait sortir les serpents de la montagne, la femme au regard secret et à la bouche en ventouse une MATA HARI des enfers, l'espionne qui étudie le terrain sur lequel doit avoir lieu la grande manœuvre qui recouvrira de chair les os affamés, la chair de peau traversée par les veines qui boiront le sang du sol, le retour des entrailles sorties du néant, ou bien l'ange est creux sous son vêtement parce que l'étal de boucher qui périclite sous la terre ne fournit plus de corps, un DOIGT MENAÇANT que les morts pointent dans le vent contre la police du ciel, l'annonciatrice et la FIANCÉE DU VENT qui dérobe aux ennemis naturels de la résurrection de la chair le vent qu'ils habitent, il s'engouffre dans le piège, un ouragan, la flèche du rideau indique la femme, l'assassin lui aussi peut-être rien qu'un mort en service, l'anéantissement des oiseaux sa mission (secrète), le pas de danse nonchalant indique la fin prochaine du travail, peut-être la femme est-elle déjà en train de retourner sous terre, enceinte de l'ouragan, cette semence de régénération dans l'explosion des membres, os, éclats et moelle, la provision de vent accentue la distance entre les parties, desquelles peut-être LE TOUT se recompose, le souffle s'étant déplacé et le tremblement de terre les projetant à travers la peau de la planète, la fécondation de l'astre par ses morts, le premier signal : les nuages tenus par le squelette de fils, des nerfs en vérité, qui précèdent les os, ou plus exactement une toile d'araignée de moelle osseuse, comme un enchevêtrement sans racines visibles qui envahit le bungalow et occupe presque tout l'espace jusqu'au plafond, ou bien le fil entortillé autour des chaises, ou bien le grillage qui cloue au sol la chaîne de montagnes, ou bien tout est autrement, le grillage métallique : caprice d'un crayon négligent qui par des hachures peu soignées dénie leur forme aux montagnes, peut-être l'arbitraire de la composition obéit à un plan, l'arbre est sur une tablette, les racines sont coupées, les arbres d'une autre essence au fond sont des champignons à tiges particulièrement longues, végétation d'une zone climatique qui ne connaît pas les arbres, comment le bloc de béton se retrouve-t-il dans le paysage, pas trace de transport ou de véhicule, JE T'AI POURTANT DIT DE NE PAS REVENIR QUAND ON EST MORT ON EST MORT, pas de trace, sorti du sol, tombé du CIEL, ou bien lâché du haut de cette atmosphère que seuls les morts respirent par le bras d'une grue actionnée à partir d'un point fixe dans l'au-delà nommé CIEL, la chaîne de montagnes est-elle une pièce de musée provenant d'une salle d'exposition souterraine où l'on conserve les montagnes parce qu'à leur place naturelle elles font obstacle au vol en rase-mottes des anges, l'image entière le préparatif d'une expérience, le caractère grossier du projet une expression de mépris pour les cobayes, homme, oiseau, femme, la pompe à sang du meurtre quotidien, homme contre oiseau et femme, femme contre oiseau et homme, oiseau contre femme et homme, alimente la planète en carburant, le sang l'encre qui décrit en couleur sa vie de papier, son ciel aussi menacé d'anémie par la résurrection de la chair, l'objet de la recherche : la faille dans le déroulement, l'autre dans le retour du même, le bégaiement dans le texte sans paroles, le trou dans l'éternité, l'ERREUR peut-être salvatrice : regard distrait de l'assassin, quand il éprouve de ses mains, de la lame du couteau, le cou de la victime sur la chaise, sur l'oiseau dans l'arbre, dans le vide du paysage, hésitation avant de trancher, les yeux fermés avant le jet de sang, rire de la femme qui le temps d'un regard relâche l'étranglement, fait trembler la main qui tient le couteau, vol en piqué de l'oiseau attiré par le scintillement de la lame, atterrissage sur le crâne de l'homme, deux coups de bec à droite et à gauche, vertige et hurlement de l'aveugle, giclées de sang dans le tourbillon de l'ouragan qui cherche la femme, peur que l'erreur survienne pendant le clignement des yeux, la fente de visée sur le temps s'ouvre entre regard et regard, l'espoir demeure sur le fil de la lame d'un couteau tournant de plus en plus vite sur lui-même avec une attention croissante = lassitude, inquiétude soudaine dans la certitude de l'effroyable : le MEURTRE est un échange de sexe, ÉTRANGER A SON PROPRE CORPS, le couteau est la blessure, la nuque le couperet, la perte de contrôle fait-elle partie du plan, à quel appareil est-elle fixée la lentille qui aspire les couleurs du regard, dans quelle orbite se trouve-t-elle la rétine, qui OU QUOI s'inquiète de l'image, DEMEURER DANS LE MIROIR, l'homme au pas de danse est-ce MOI, ma tombe son visage, MOI la femme avec la blessure au cou, dans les mains à droite et à gauche l'oiseau déchiré en deux, le sang à la bouche, MOI l'oiseau, qui de l'écriture de son bec montre à l'assassin le chemin dans la nuit, MOI l'ouragan gelé

Paysage sous surveillance peut être lu comme une retouche d'*Alceste* qui cite le No *Kumasaka,* le 11e chant de l'Odyssée et *Les oiseaux* d'Hitchcock. Le texte décrit un paysage par-delà la mort. L'action est ce qu'on veut, puisque les conséquences sont du passé, explosion d'un souvenir dans une structure dramatique qui a dépéri.

Pièce de cœur

Poèmes

PIÈCE DE CŒUR

1 — Puis-je déposer mon cœur à vos pieds.
2 — Si vous ne salissez pas le plancher.
1 — Mon cœur est propre.
2 — C'est ce que nous verrons.
1 — Je n'arrive pas à le sortir.
2 — Voulez-vous que je vous aide.
1 — Si ça ne vous ennuie pas.
2 — C'est un plaisir pour moi.
Moi non plus je n'arrive pas à le sortir.
1 — *pleurniche.*
2 — Je m'en vais procéder à l'extraction.
Sinon pourquoi aurais-je un canif.
Il n'y en a pas pour longtemps.
Travailler et ne pas désespérer.
Bon, eh bien le voilà. Mais
C'est une brique. Votre cœur
C'est une brique.
1 — Oui, mais il ne bat que pour vous.

(Trad. Jean Jourdheuil et Heinz Schwarzinger.)

Seul avec ces corps
Etats utopies
L'herbe pousse
Sur les rails
Les mots pourrissent
Sur le papier
Les yeux des femmes
Se refroidissent
Adieu au lendemain
Statu quo.

Carie dentaire
A Paris
Quelque chose en moi me ronge
Je fume trop
Je bois trop
Je meurs trop lentement.

(Trad. Jean Jourdheuil et Heinz Schwarzinger.)

MOTIF CHEZ A S*

Debuisson à la Jamaïque
Entre des seins noirs
A Paris Robespierre
La mâchoire brisée
Ou Jeanne d'Arc quand l'ange ne vint pas
A la fin, toujours, les anges ne viennent pas
LA MONTAGNE DE VIANDE DANTON NE PEUT DONNER DE
[VIANDE A LA RUE
VOYEZ VOYEZ POURTANT LA VIANDE DANS LA RUE
CHASSE AU GIBIER ROUGE EN CHAUSSURES JAUNES.
Le Christ. Le diable lui montre les empires du monde
REJETTE TA CROIX ET TOUT T'APPARTIENT.
Au temps de la trahison
Les paysages sont beaux.

(Trad. Jean-Louis Besson et Jean Jourdheuil.)

* Anna Seghers.

Germania Mort à Berlin

traduit de l'allemand par
Jean Jourdheuil et Heinz Schwarzinger

LA RUE 1
Berlin 1918

MARI : C'était la guerre. J'y ai laissé mon bras.
FEMME : Tu t'en es sorti. Tout est comme autrefois.
Vous allez avoir du pain les enfants, papa est de [retour.
MARI : A condition que le pain soit à nous, ainsi que [le four.
Sort. Noir.
UNE VOIX : GRÈVE GÉNÉRALE
ENFANTS : Boulanger !
Le boulanger, plus grand que nature, apparaît sur le seuil de sa boutique.
ENFANTS : Du pain.
BOULANGER : Mon pain ne tombe pas du ciel. Vous [avez des sous ?
Pas de sous pas de pain. Je n'y suis pour rien [voyez-vous.
Coups de feu au loin.
UNE VOIX : LA RÉVOLUTION
Le boulanger se dépêche de fermer sa boutique.
ENFANTS : Hé. Boulanger.
Ils « tirent ». Tu es mort !
Courent en direction des coups de feu. Entre le distributeur de pancartes, plus grand que nature lui

aussi, avec des pancartes. Sur les pancartes A BAS *SPARTACUS.*

PANCARTE : Ce qui se passe là-bas ne concerne pas les [gamins.
Quatre fois un quatre. Ça vous fait un sou chacun.
Vous n'avez qu'à porter ma pancarte dans votre [quartier.
Si on vous demande, c'est pour l'Allemagne, voilà [ce que vous direz.

ENFANT 1 : Je ne vais pas avec vous, mon père est [là-bas.

PANCARTE : Mon premier n'a pas faim. Quatre moins [un reste trois.
Il remet un sou dans sa poche.

ENFANT 1 : Ce n'est pas moi, c'est mon estomac qui [vient avec vous, il a faim.

PANCARTE : Lui ou toi. Son visage sera le tien.
Enfants défilent avec les pancartes. Fin des coups de feu.

UNE AUTRE VOIX : L'ORDRE ET LA SÉCURITÉ SONT RÉTABLIS.
Lumière. Le boulanger rouvre sa boutique. Les enfants vont vers le distributeur de pancartes et tendent la main.

PANCARTE : Que voulez-vous.

ENFANTS : Notre sou.

PANCARTE : Et que reçoit le chien quand il aboie.
Eclate de rire. Le boulanger est sur le seuil de sa boutique, il éclate de rire lui aussi. Le rire continue après la fermeture du rideau.

LA RUE 2
Berlin 1949

HAUT-PARLEUR
VIVE LA RÉPUBLIQUE DÉMOCRATIQUE ALLEMANDE LE PREMIER ETAT OUVRIER ET PAYSAN SUR LE SOL DE L'ALLEMAGNE
Applaudissements venant du haut-parleur.
HOMME : L'Etat des Russes.
UN AUTRE *l'assomme* : Une journée dont tu te souviendras.
HOMME *se relève, en sang* : Toi aussi.
S'éloigne en titubant.
Il y a encore des arbres en Allemagne, avec des [branches.
On se reverra, Russe, quand tu y seras pendu.
VOIX : Arrêtez le provocateur.
Arrêtez-le.
Où ?
Là.
Parti.
VIEILLARD *avec enfant sur le dos* :
Berlin, la putain impériale, c'est ici que nous lui [avons arraché.
Ses nippes et sa pacotille prussienne
Dénudant son ventre bourré de patates et sa [poitrine exsangue.
Le temps d'une nuit, la putain impériale fut
La fiancée des prolétaires, nue sous la neige de [novembre
Boursouflée par la famine, ébranlée

Par la grève générale, lavée dans le sang des [prolétaires.
En janvier nous étions de nouveau là
Le brouillard se leva, les mains gelaient sur les [fusils
Il neigea sans interruption pendant sept heures.
Les bonzes, au chaud dans le château, tenaient [conseil.
Nous attendions dans la neige qui tombait blanche [comme jamais
Et que nulle fumée d'aucune cheminée ne salissait.
Notre nombre diminuait. Au cours de la huitième [heure
L'un puis l'autre jeta son fusil et partit.
Au château les bonzes chevauchaient leurs chaises
Et leur vote envoyait Karl et Rosa au mur.
Nous avons fracassé nos fusils contre le bord du [trottoir
Sommes rentrés dans nos trous en rampant
Et avons remballé notre ciel.
Le Président. Un ouvrier comme nous.

VOIX 1 : Un ouvrier comme nous. Où est mon [château.

VOIX 2 : Ils ne connaissent même plus leur propre [mère.

MANCHOT : Vous vous faites drôlement avoir.

HOMME 1 : Et pas par n'importe qui.

Un temps.

MANCHOT : Etes-vous sûrs d'être encore des Alle- [mands.

HOMME 2 : As-tu un bras en trop ?

Un temps.

MANCHOT : Smolensk, camarade. On fera mieux la [prochaine fois.

Un temps.

HOMME 3 : C'est la tête. Il a une tête en trop.

HOMME 1 : Drôle d'oiseau.

HOMME 2 : Qui cherche une cage.

HOMME 3 : La chance y a que ça de vrai. T'es un [chanceux l'oiseau.

Voici justement une cage qui cherche un oiseau.

Manchot sort. Gabardine.

GABARDINE : Où a-t-il filé.

HOMME 1 : Qui ça.

HOMME 2 : Il y avait quelqu'un ?

HOMME 3 : Personne.

Gabardine sort. Blousons sur des vélos.

BLOUSON 1 : Ce qu'ils sont envahissants. Les piétons. Rien à vendre ?

HOMME : Jour férié, cadeau de l'Etat, fils. T'as quelque chose contre ?

BLOUSON 1 : Quel Etat.

HOMME 2 : Pas le tien.

BLOUSON 2 : Tu vois un Etat Par ici ?

Arrache un drapeau et danse dessus. Deux gabardines.

HOMME : Ils sont bourrés.

GABARDINES *ouvrent de force les blousons des blousons. Des tracts tombent* : De ça, oui.

Embarquent les blousons. Deux messieurs avec valises.

MONSIEUR 1 : Vous entendez pousser l'herbe ? C'est la steppe. La steppe avance.

Ça chatouille la plante des pieds. Regardez mes chaussures : vertes. Vite, avant que l'herbe ne nous rattrape.

S'en vont. Trois putains. Un souteneur.

SOUTENEUR : La rue pleine de clients. Pourquoi ne travaillez-vous pas.

PUTAIN 1 : Jour férié, cadeau de l'Etat, mon joli.

SOUTENEUR : Tirer un coup, ça se fait sous tous les régimes.

PUTAIN 2 : Avec moi faut se dépêcher. Au printemps j'aurai décroché.

SOUTENEUR *veut la frapper.*

PUTAIN 1 : Les flics.

Souteneur sort. Les putains rient.

PUTAIN 1 : Le temps de plumer le gros. Une fabrique de bonneterie en Saxe. Il n'en a plus pour longtemps, déjà trois contrôles fiscaux. Et son épouse commence à renâcler. Il faut encore que j'en tire un vison.

PUTAIN 3 *sarcastique* : J'attends de le voir.

PUTAIN 1 : Le blond du commissariat m'a dit que si je ne quittais pas bientôt le trottoir il allait devoir m'épouser pour ne plus m'avoir dans son rapport. *Chante* : ES WAR EINMAL EIN TREUER HUSAR.

PUTAIN 3 : Se marier. Avec un flic.

PUTAIN 1 : Le blond me plaît.

PUTAIN 3 : C'est le bouquet.

Crache.

PUTAIN 1 : Ça te va bien, le tapin depuis 71.

PUTAIN 3 : Charogne.

PUTAIN 1 : Après toi.

Se battent. Policier.

POLICIER : Eh bien mesdames, on se dispute ?
PUTAIN 3 : Pas le moins du monde, commissaire.
PUTAIN 1 : Vous avez dû confondre.
PUTAIN 2 : Pour les yeux, une seule adresse, ANSORG.
Policier sort.
PUTAIN 3 : Ils sont partout. Je m'en vais à l'ouest sur le Kudamm.
PUTAIN 1 : Tu crois qu'ils attendent après toi, squelette.
PUTAIN 3 : Je t'arrache les yeux.
Passe un policier. Putains 3 et 2 s'éloignent.
PUTAIN 2 : Tu ne viens pas.
PUTAIN 1 : Je me trouve bien ici.
Putains 3 et 2 sortent. Un ivrogne.
IVROGNE *chante* : WALDESLUST WALDESLUST.
Hé, poupée !
JEUNE HOMME : Lâche cette femme.
IVROGNE *s'éloigne en titubant* : O WIE EINSAM SCHLÄGT DIE BRUST.
JEUNE HOMME : Je vous accompagne ?
PUTAIN 1 : Jour férié aujourd'hui. Aujourd'hui je m'accompagne toute seule.

CONCERTO BRANDEBOURGEOIS 1

Manège. 2 clowns.

CLOWN 1 : Je suis le roi de Prusse. Je me suis construit un château dans cette belle contrée, parce qu'elle me plaît et afin de mieux servir mon peuple, car j'ai des hémorroïdes et des rhumatismes attrapés depuis ces guerres que j'ai dû conduire en Silésie, en Bohême et en Saxe pour l'honneur de la Prusse et qui sont très célèbres.

CLOWN 2 : Je veux être roi de Prusse moi aussi.

CLOWN 1 : Tu es le meunier de Potsdam.

CLOWN 2 : J'ai des hémorroïdes moi aussi.

CLOWN 1 *avec grandeur* : Est-ce toi qui as livré mes batailles ?

CLOWN 2 *intimidé.*

CLOWN 1 : Ton moulin est à côté de mon château. Il fait clip-clap toute la journée. Et bien sûr il me gêne lorsque je gouverne et lorsque je joue de la flûte, ce que j'adore et où je suis passé maître.

CLOWN 2 : Moi il ne me gêne pas. Je sais jouer de la flûte moi aussi.
Met la main à sa braguette.

CLOWN 1 : Je ne joue que de la grande musique. Je peux bien sûr me construire un autre château dans une autre contrée. Je suis le roi de Prusse finalement. Je n'ai qu'à conquérir l'Angleterre, par exemple, ce qui pour moi serait une bagatelle, tu me l'accorderas, et je peux construire mon château en Angleterre. Mais je le veux ici, dans ma Prusse chérie, dans cette contrée qui me plaît tant.

CLOWN 2 : Mais voilà, c'est mon moulin. Je ne laisserai personne me le prendre mon moulin. Si je ne peux pas garder mon moulin, je ne joue plus.

CLOWN 1 : Bon, c'est bon. J'ai en effet résolu de m'opposer à certaines rumeurs que mes ennemis ont répandues sur moi, parce que ma gloire les empêche de dormir, en donnant un exemple au monde, car je parle français et je suis très très éclairé.

CLOWN 2 *malin* : Comment l'enfant s'en vient-il dans le ventre. Ça, c'est tout simple. Mais comment ne s'en vient-il pas dans le ventre.

CLOWN 1 : Ça, c'est une question philosophique. Je n'ai pas le temps de m'en occuper maintenant. Je suis le premier serviteur de mon Etat.

CLOWN 2 *baisse son pantalon* : Mon Etat est plus grand que le tien. Tu fais ça de la main droite ou de la main gauche.

CLOWN 1 : Ça ne te regarde pas. Remonte ton pantalon sinon j'appelle monsieur Loyal.

CLOWN 2 *effrayé, met la main sur son derrière et remonte rapidement son pantalon.*

CLOWN 1 : En politique je n'admets pas la plaisanterie. Je suis le premier serviteur de mon Etat.

CLOWN 2 *éclate de rire puis, effrayé, met sa main devant sa bouche.*

CLOWN 1 : C'est pourquoi, même si cela me fend le cœur, et cela va me fendre le cœur, j'en ai la certitude, j'irai chez toi, le roi de Prusse chez le meunier de Potsdam, et je t'ordonnerai d'aller installer ton moulin ailleurs, parce qu'il me gêne lorsque je gouverne et lorsque je joue de la flûte. Mais tu ne te laisseras pas intimider, au contraire, tu t'opposeras à moi en bon Allemand et tu me diras en face que tu as une patente et un permis de construire et que tu n'as pas l'intention d'installer ton moulin ailleurs quand même je serais trois fois roi de Prusse, parce qu'il y a encore des juges à Berlin, et ton moulin restera près de mon château, bien qu'il fasse clip-clap toute la journée et me gêne lorsque je gouverne, ce qui exige de moi la plus grande concentration, parce que je dois tout faire tout seul, car en Prusse pas un chien ne pisse sans mon autorisation expresse et je suis un ami des bêtes, et lorsque je joue de la flûte, ce que j'adore et où je suis passé maître, mais un roi n'est pas un homme, mais le premier serviteur de son Etat, *Clown 2 éclate de rire puis, effrayé, met sa main devant sa bouche,* et même si cela me fend le cœur, et cela va me fendre le cœur, j'en ai la certitude, *Pleure,* As-tu bien tout noté.

CLOWN 2 : Le lion.

Entre un lion. Clown 2 se suspend à un trapèze qui descend des cintres. Clown 1 s'accroche au Clown 2 et grimpe. Clown 2, chatouilleux, est secoué par un rire convulsif, lâche le trapèze. Ils tombent sur le lion qui se casse en deux morceaux, lesquels s'en vont chacun de son côté. Le trapèze disparaît dans les cintres.

CLOWN 1 : Et voilà, on a cassé le lion.

CLOWN 2 : Tu as cassé le lion.

CLOWN 1 : C'est toi qui as lâché.

CLOWN 2 : Parce que tu m'as chatouillé.

Un temps. Clown 1 pense.

CLOWN 1 : On n'a qu'à dire qu'il n'y a pas de lion du tout.

CLOWN 2 : Oui, ça c'est bien.

CLOWN 1 : Maintenant commençons.

CLOWN 2 : Et où est-il mon moulin ?

CLOWN 1 : Justement, il faut que tu te le représentes.

Moi aussi mon château il faut que je me le représente. N'as-tu donc pas d'imagination.

CLOWN 2 : Non. Je sais comment je vais faire. Je vais jouer le meunier et le moulin.

CLOWN 1 : Ce n'est pas de jeu. Tout le monde peut jouer un moulin, mais comment vais-je jouer mon château. Un château on ne peut que se le représenter.

CLOWN 2 : C'est aussi pour ça qu'il est beaucoup plus beau.

CLOWN 1 *radieux* : Oui, c'est vrai.

Entre le directeur avec un fouet.

DIRECTEUR : Qu'avez-vous fait du lion ?

Clown 2 se met derrière le Clown 1.

CLOWN 1 + 2 : Il n'y a pas de lion.

La mâchoire du directeur tombe par terre. Il la ramasse et sort, regardant timidement autour de lui.

CLOWN 1 : Maintenant commençons. D'abord, le gouvernement. Où est ma chaise.

Une chaise descend des cintres. Clown 1 va pour s'asseoir. Clown 2 se glisse derrière lui, enlève la chaise. Clown 1 ne s'assied pas, se redresse.

CLOWN 1 : Halte. On a oublié quelque chose. Ma levrette. Sans ma levrette je ne peux pas gouverner.

CLOWN 2 : Ta levrette ?

CLOWN 1 : Oui. Où est ma levrette.

Chien descend des cintres.

CLOWN 2 : Haha. Ça une levrette. Mais c'est un chien.

CLOWN 1 *sévère* : Une levrette est un chien. La chaise est trop en arrière.

CLOWN 2 : Tu es trop en avant.

CLOWN 1 : Oui. La chaise est trop en arrière et moi trop en avant.

CLOWN 2 : Je sais ce qu'on va faire. Tu te recules et moi j'avance la chaise.

CLOWN 1 : Oui, bonne idée.

Ils le font.

CLOWN 1 : Maintenant la chaise est trop en avant et moi je suis trop en arrière.

CLOWN 2 : On s'est trompé. Il faut que je recule la chaise et il faut que tu t'avances.

CLOWN 1 : Oui.

La chaise disparaît dans les cintres.

CLOWN 1 : La chaise est partie.

CLOWN 2 : Oui, moi non plus je ne la vois plus.

CLOWN 1 : Je vais m'asseoir sur toi, tu seras ma chaise.

CLOWN 2 : Et qui sera le moulin.

CLOWN 1 : Une chose après l'autre.

Clown 2 se met à quatre pattes. Clown 1 s'assied sur lui.

CLOWN 1 : Maintenant je gouverne, il faut que tu fasses clip-clap.

Clown 2 se lève. Clown 1 tombe à la renverse.

CLOWN 1 : Tu ne peux pas te lever comme ça en plein pendant que je gouverne.

CLOWN 2 : Maintenant je suis le moulin. Tu n'as qu'à te représenter la chaise.

CLOWN 1 : Oui.

Clown 1 fait comme s'il s'asseyait.

CLOWN 2 : LE MOULIN FAIT CLIP-CLAP AU-DESSUS DU RUISSEAU
QUI FRÉMIT CLIP-CLAP CLIP-CLAP CLIP-CLAP.

CLOWN 1 : Je ne peux pas me représenter la chaise plus longtemps.

CLOWN 2 : Pourquoi ne gouvernes-tu pas debout.

CLOWN 1 : Ça ne marche pas. Je crois que je vais arrêter de gouverner. C'est trop difficile. Jouons de la flûte maintenant.

CLOWN 2 : On va jouer avec ma flûte ou bien avec ta flûte. Je sais comment on va faire : tu joues avec ma flûte et moi je joue avec ta flûte.

CLOWN 1 : Tu n'as pas de flûte, tu es le meunier de Potsdam. Commence.

CLOWN 2 : Je suis le meunier de Potsdam. Le roi de Prusse est mon voisin. Mon moulin est à côté de son château. Je me suis laissé dire que mon moulin gêne le roi de Prusse lorsqu'il gouverne et lorsqu'il joue de la flûte, parce qu'il fait clip-clap toute la journée, et il veut venir chez moi, le roi de Prusse chez le meunier de Potsdam, et m'ordonner d'installer mon moulin ailleurs. Mais il va trouver à qui parler. J'ai, en effet, une patente, et j'ai aussi un permis de construire. Parfaitement. *Clown 1 applaudit.* Qu'il vienne seulement cet enculeur, avec sa levrette et sa canne. Je le remettrai à sa place. Il y a encore des juges à Berlin. Parfaitement. *Clown 1 applaudit.* Sa levrette, j'en ferai du hachis, et de sa canne, du petit bois. *Clown 1 applaudit.* Je m'en vais lui en foutre plein le cul, je suis un Allemand. Parfaitement. *Clown 1 applaudit.* Roi, et quoi encore. N'importe qui peut gouverner...

CLOWN 1 : Halte. Il te faut rester sur le terrain de la légalité.

CLOWN 2 : Qu'est-ce que c'est.

CLOWN 1 : C'est français et ça veut dire INTERDICTION DE DÉPOSER SES ORDURES.
Maintenant, mon entrée.
Clown 1 tombe la tête la première par-dessus sa canne.

CLOWN 2 : Tu fais toutes tes entrées la tête la première.

CLOWN 1 : Je suis le roi de Prusse, mon château est à côté de ton moulin, meunier de Potsdam, et je t'ordonne d'installer ton moulin ailleurs, parce qu'il fait clip-clap toute la journée et me gêne lorsque je gouverne et lorsque je joue de la flûte.

CLOWN 2 : Je suis le meunier de Potsdam. *Ses genoux se mettent à trembler. Il essaie de les bloquer avec ses mains.* Je suis un Allemand. *S'évanouit, se relève devant la canne menaçante, s'évanouit de nouveau.*

CLOWN 1 *la canne levée* : Si maintenant tu ne joues pas ton rôle, je dis au directeur que c'est toi qui as cassé le lion. Je te connais. Tu fais ça uniquement parce que tu veux me ridiculiser, devant tout le monde, par pure méchanceté.

CLOWN 2 *se relève. S'évanouit de nouveau. A quatre pattes* : Pas du tout. Je me donne vraiment de la peine. Tu vois comme je transpire. C'est plus fort que moi. J'y peux rien. Ça me coupe les jambes. Ça vient de l'intérieur, c'est la force de la nature.

CLOWN 1 *en colère* : Je vais te montrer ce que c'est que la force de la nature. *Le bat.* Je suis le premier serviteur de mon Etat.
Clown 2 lèche la canne et se met à la manger. Mangeant la canne, il se tient raide comme un bâton. Musique de marche qui se mue en tonnerre des

batailles. Le fond de la scène s'ouvre sur un feu d'où s'élèvent des bulles de bandes dessinées : JEDER SCHUSS EIN RUSS JEDER TRITT EIN BRITT JEDER STOSS EIN FRANZOS *et dans lequel le Clown 2 s'enfonce au pas de parade.*

CLOWN 1 : En vérité, je m'étais représenté la chose autrement, parce que je parle français et parce que je suis très très éclairé. Mais comme ça bien sûr ça va aussi.

Le chien, lui aussi au pas de parade, suit le Clown 2.

CLOWN 1 *au chien* : ET TU BRUTE !

CONCERTO BRANDEBOURGEOIS 2

Château. Buffet froid. Un fauteuil Empire. Un chant à l'arrière-plan : ALS DAS KRAFTWERK WURDE VOLKES EIGEN

UN CAMARADE *fait les présentations* : Voici le maçon de la Stalinallee. Héros du travail depuis aujourd'hui. Prends du caviar, camarade, tu n'en auras qu'ici. Tu l'as payé en construisant la Stalinallee. C'est lui qui a organisé le transfert de Frédéric l'Unique de Berlin à Potsdam parce qu'il nous faisait de l'ombre à Unter den Linden, sous les tilleuls, avec quatre hommes, pour trois fois moins d'argent que ce qui était prévu par les experts de l'Ouest et en un temps record mondial. Il fait ses débuts au buffet froid. Que veux-tu. Si on partage la soupe aux choux de la population, ils font de nous du hachis, ici c'est l'Allemagne, camarade.

Dictature du prolétariat même à la cuisine. Manger est une tâche de parti. Le rouge c'est le meilleur.
Sort. Le maçon, la tête bandée, mange. Président.
PRÉSIDENT : C'est ton jour, camarade. On dirait
Que tu le trouves trop long.
MAÇON : Oui, assez long.
PRÉSIDENT : Ta tête ?
MAÇON : Le remerciement de la classe
[ouvrière.
Ils voulaient me transformer en monument.
Les matériaux venaient du quatrième étage.
Et si vous m'accrochez encore une médaille
Vous pourrez bientôt m'installer
A Unter den Linden en remplacement du vieux
[Fritz.
PRÉSIDENT : Les pierres qu'ils nous jettent aujour-
[d'hui
Camarade, feront demain partie des murs.
Qu'est-ce que tu as d'autre sur l'estomac.
MAÇON : Le buffet froid.
PRÉSIDENT : Il va falloir t'y habituer. Moi aussi
J'ai dû apprendre.
UN CAMARADE : Camarade Président
Les artistes attendent.
PRÉSIDENT : Il faut que j'aille me montrer.
Sort. Musique. Concerto brandebourgeois. Maçon s'assied sur le fauteuil Empire.
MAÇON : Voilà exactement le fauteuil qui convient à
[mes fesses.
Frédéric II de Prusse en vampire.
FRÉDÉRIC II : Ne va-t-il pas se lever, le bougre, devant
[son roi.

MAÇON : Comme s'il avait encore besoin d'un fau-
[teuil.
Je m'en vais te montrer où Dieu demeure.
S'avance menaçant vers Frédéric II. Celui-ci le frappe avec sa canne.
Hé. C'est mon dos.
Casse la canne sur son genou. Frédéric II l'attaque par-derrière.
Avec moi tu tombes mal. Va enculer ton chien.
Se dégage. Frédéric II le prend à la gorge.
Tu as encore soif, vieille carne. Va boire de l'eau.
Lutte. Entre un camarade avec un plateau. Frédéric II disparaît.
CAMARADE : De la part du Président. Bière et côte-
[lette
Que tu ne te détraques pas l'estomac
Avant de t'être habitué au buffet froid.
MAÇON *mange la côtelette et boit la bière.*

HOMMAGE A STALINE 1

Neige. Bruit de bataille. Trois soldats. Leurs corps ne sont plus entiers. Entre un jeune soldat dans une rafale de neige.

SOLDAT 1 : Voilà des renforts.
SOLDAT 2 : Il est encore entier.
SOLDAT 3 : A qui le tour.
SOLDAT 1 : A moi.
SOLDAT 2 : D'où viens-tu, camarade ?
JEUNE SOLDAT : De la bataille.

SOLDAT 3 : Où vas-tu, camarade ?

JEUNE SOLDAT : Là où il n'y a pas de bataille.

SOLDAT 1 : Ta main, camarade.

Lui arrache le bras. Le jeune soldat crie. Les morts rient et se mettent à dévorer le bras.

SOLDAT 3 *proposant le bras* : Tu n'as pas faim ?

Le jeune soldat cache son visage avec la main qui lui reste.

SOLDAT 1 : La prochaine fois ce sera ton tour. Il y a de la viande pour tout le monde dans cette marmite.

VOIX : Vive l'empereur.
Vive l'empereur.

SOLDAT 1 : C'est Napoléon. Il vient toutes les trois nuits.

Napoléon passe. Il est livide et gras. Il traîne par les pieds un soldat de sa Grande Armée.

C'est tout à fait normal. Ce sont ses cadavres. Sans lui ils ne seraient pas là. Et il les recompte, il est pingre. De la camaraderie il n'y en a que chez nous. Tu ne veux vraiment rien manger ?

César vient d'apparaître derrière Napoléon, le visage verdâtre, la toge ensanglantée et constellée de trous.

Le type verdâtre derrière lui, c'est César. Il a eu son compte, vingt-trois trous.

SOLDAT 2 : Trou du cul non compris. *Rires.*

SOLDAT 1 : Il vit d'aumônes. Ses cadavres sont sur un compte bloqué : les champs de bataille sont à une trop grande profondeur.

SOLDAT 3 : Pourquoi n'a-t-il pas été prévoyant, le maccaroni.

SOLDAT 1 : Parfois Napoléon lui abandonne une

jambe. *Rit.* Ou un bras. *Jette à César le bras rongé jusqu'à l'os.* Chez nous, personne ne meurt de faim.

César ramasse le bras et disparaît dans les rafales de neige.

Le jeune soldat s'enfuit en hurlant.

SOLDAT 3 : Il reviendra. On ne sort pas de la marmite, l'encerclement est total.

De plus en plus de soldats, en titubant et en rampant, envahissent la scène, tombent et restent allongés. Puis apparaissent, plus grands que nature, les Nibelungen, Gunther, Hagen, Volker et Gernot.

GUNTHER *grimpant sur le tas de cadavres* : Simulateurs. Tire-au-flanc. Défaitistes. Bande de lâches.

VOLKER : Sous prétexte qu'ils sont morts ils s'imaginent avoir fait tout ce qu'on peut exiger d'eux.

HAGEN *sarcastique* : Ils s'imaginent que c'est du passé.

GERNOT : Ils vont être surpris.

GUNTHER : Brandissez vos glaives, ô Nibelungen. Les Huns reviennent. GOTT MIT UNS.

Les Nibelungen s'arment de cadavres et de morceaux de cadavres, et les jettent en hurlant sur des Huns imaginaires, si bien que se forme un rempart irrégulier de cadavres.

GUNTHER : Regarde, Attila, la moisson de nos glaives.

Les Nibelungen s'assoient sur le rempart de cadavres, ôtent leurs casques et boivent de la bière dans leurs crânes.

GERNOT : Toujours pareil

Les autres le regardent, indignés.

Je ne dis pas que je ne veux pas continuer. Mais de quoi s'agit-il au juste ?

VOLKER : As-tu déjà oublié Siegried que les Huns, dans l'Odenwald —

HAGEN *lève son crâne* : Vengeance pour Siegfried.

GUNTHER et VOLKER *pareillement* : Vengeance pour Siegfried.

GERNOT *à Hagen* : Mais j'ai bien vu pourtant. Je veux dire, tout le monde sait que c'est toi qui —

GUNTHER : Nous avons tous vu Hagen retirer de la blesssure de Siegfried l'épieu que les Huns dans une embuscade —

GERNOT : J'ai vu qui a lancé l'épieu.

GUNTHER : C'était un traître.

GERNOT : Qui.

GUNTHER : Siegfried. Vois-tu, je ne voulais pas te le dire. Il faut laisser ses illusions à la jeunesse, tant que ça dure. A présent tu sais.

GERNOT : Je ne sais toujours pas pourquoi on est en train de se bagarrer ici avec les Huns.

VOLKER : Es-tu donc un Hun qu'il te faille une raison pour combattre.

HAGEN : Nous ne parvenons pas à sortir de la marmite, voilà pourquoi nous nous bagarrons ici avec les Huns.

GERNOT : Mais on n'a qu'à s'arrêter et il n'y aura plus de marmite.

GUNTHER : Il a dit « s'arrêter ».

VOLKER : Il n'a toujours rien compris.

HAGEN : Il ne comprendra jamais.

GUNTHER : Nous ne devons pas désespérer. Il n'est pas un Hun.

VOLKER : Nous finirons bien par lui faire entendre raison.

HAGEN : Alors commençons tout de suite. Le temps c'est de l'argent.
Ils se relèvent tous les trois, s'arment et marchent sur Gernot qui se lève d'un bond.

GERNOT : Je ne veux pas mourir toutes les nuits. Je trouve ça ennuyeux. Ça ne m'amuse pas. J'aimerais bien de temps en temps faire autre chose. Ce truc avec les femmes. J'ai oublié comment ça s'appelle.

HAGEN *sarcastique* : Il a oublié comment ça s'appelle.

VOLKER : La voilà, la jeunesse d'aujourd'hui. Elle n'a plus d'idéal.

GUNTHER : A ton avis, pourquoi est-ce que ta mère t'a mis au monde. Nous allons te le faire réviser, jusqu'à ce que tu le saches par cœur.
Les trois Nibelungen mettent en pièces le quatrième au cours d'un assez long combat. Puis ils se masturbent en chœur.

VOLKER *se masturbant* : « J'aimerais bien de temps en temps faire autre chose. Ce truc avec les femmes. J'ai oublié comment ça s'appelle. »
Les Nibelungen rient.

HAGEN *pareillement* : Je ne sais plus ce que c'est qu'une femme. Je crois que je ne trouverais plus le trou.
Les Nibelungen rient.

GUNTHER *pareillement* : La guerre est un travail d'hommes. Maintenant en tout cas, l'argent on ne le partage plus qu'en trois. On finira bien par trouver le trou de la marmite.
Les Nibelungen rient.

VOLKER *accorde son violon.*
GUNTHER : Ne nous fais pas le coup du violon. Je connais tes trucs. Il veut nous attendrir avec sa chansonnette SCHLAFE MEIN PRINZCHEN SCHLAF EIN. Et ensuite il va filer en emportant tout le magot.
HAGEN : On ferait mieux de lui régler son compte tout de suite.
GUNTHER : Allons-y.
S'arment.
VOLKER : Camarades.
Le mettent en pièces.
GUNTHER : Il ne reste plus que nous deux.
HAGEN : Un de trop.
Se mettent en pièces l'un l'autre. Un temps. Le bruit de la bataille a cessé.
Puis les morceaux de cadavres se rassemblent en rampant et, dans un bruit de métal, de cris, de bribes de chants, forment un monstre de ferraille et de matière humaine.
Le bruit continue jusqu'au tableau suivant.

HOMMAGE A STALINE 2

Bistrot. Sirènes. Cloches.
Tenancier. Deux petit-bourgeois. Une forme humaine : le marchand de crânes.

PETIT-BOURGEOIS 1 : Staline est mort.
PETIT-BOURGEOIS 2 : Il a mis le temps.
TENANCIER : Attention.

Trois putains.

PETIT-BOURGEOIS 1 : Ça irait nous deux, collègue ?

PUTAIN 3 : Rentre à la maison, petit. La mère de tes enfants pleure.

PUTAIN 2 : On te permet d'être encore dehors à cette heure-ci.

PUTAIN 1 : Les mères de famille c'est plus ce que c'était.

PETIT-BOURGEOIS 1 : Pourquoi n'êtes-vous pas en noir, mesdames, un jour comme aujourd'hui.

PUTAIN 2 : Chez nous la douleur est plus intime. *Montre des dessous noirs.*

PETIT-BOURGEOIS 2 : Une bière pour les veuves et les orphelins.

PUTAIN 1 : On ne boit que du mousseux.

TENANCIER : Vous vous croyez sur le Kurfürstendamm.

PUTAIN 3 : C'est bien parce que c'est vous. *Bière.*

PETIT-BOURGEOIS 1 : Du mousseux. Voilà un artisanat en or.

PETIT-BOURGEOIS 2 : Un trou, tu veux dire.

TENANCIER : Oui, mais en or.

PUTAIN 2 *au petit-bourgeois 1* : Nous ne travaillons pas à la main, monsieur.

PETIT-BOURGEOIS 1 : Je ne voulais pas vous offenser, madame. Je ne suis moi-même qu'un simple travailleur manuel.

PUTAIN 2 : Pouah !

PETIT-BOURGEOIS 1 : Tout dans la bouche rien dans les mains. *Rit.*

PUTAIN 3 : N'avale pas de travers, fiston.

PUTAIN 2 *s'avançant vers la forme humaine* : Qui c'est ce spectre. Houh !

PUTAIN 1 *attend le résultat, pas de résultat* : Pas de réaction.

PETIT-BOURGEOIS 2 : Peut-être une statue.

PUTAIN 1 : C'est Haarmann. Vous voyez le sac sous la chaise. Il a de nouveau découpé quelqu'un, et les morceaux sont dans le sac. Ce qui pointe sous sa veste c'est le couteau.

PETIT-BOURGEOIS 2 : Au prix où est la viande c'est presque de la légitime défense.

PETIT-BOURGEOIS 1 : Je ne veux pas savoir qui j'ai bien pu manger.

PUTAIN 3 : C'est pas possible que ce soit Haarmann. Il n'est pas comme ça, plus rondouillard. Je l'ai vu.
Mardi dernier. Il avait déjà sorti son couteau. Bon Dieu comme j'ai hurlé. Et il a filé, comme une ombre.

PETIT-BOURGEOIS 1 : Vous avez vu un spectre, madame. Haarmann est au ciel.

PUTAIN 2 : Celui-là c'est un sourd-muet.

PUTAIN 3 : N'empêche qu'aujourd'hui je ne rentre pas chez moi toute seule.

PETIT-BOURGEOIS 1 *ouvre un couteau de poche* : Puis-je faire quelque chose pour vous.

PUTAIN 3 *crie.*

Entrent quatre maçons.

GROS MAÇON : Pour lui, la bière c'est fini.

GÉNÉRAL : Ça s'arrose.

JEUNE MAÇON : Qu'est-ce que tu veux dire, général.

GÉNÉRAL : Ce que j'ai dit. De la bière.

HILSE : Estime-toi
[heureux, général
Que les Russes ne t'aient pas envoyé ailleurs que
[sur un chantier.
GÉNÉRAL : Je n'ai fait que mon devoir, en bon
[Allemand.
HILSE : Moi je vous aurais tous collé au mur.
GÉNÉRAL : Va savoir qui sera collé au mur le premier.
JEUNE MAÇON *à la putain 1* : Mais c'est elle. Ça fera quatre ans en octobre.
Je vous ai cherchée partout. Comment va.
PUTAIN 2 : Qui est-ce que tu as déniché là, ma fille.
PETIT-BOURGEOIS 2 : Quatre ans. Il est bien pressé.
PETIT-BOURGEOIS 1 *chante* : ROSE-MARIE, ROSE-MARIE
SIEBEN JAHRE MEIN HERZ NACH DIR SCHRIE.
PUTAIN 2 : Jeune homme
Je crois qu'il y a maldonne.
JEUNE MAÇON : Tenez, que faites-vous ce soir.
PUTAIN 2 : Il ne veut rien savoir. Ah, parlez-moi d'amour.
HILSE : Laisse tomber mon gars. Ça ne te vaudra rien.
PUTAIN 1 : Je ne pense pas avoir le temps ce soir.
JEUNE MAÇON : C'est un capitaliste que vous attendez.
PUTAIN 3 : Si seulement.
PUTAIN 1 : Je m'en vais.
JEUNE MAÇON : Je vous accompagne
Putain 1 sort seule.
PETIT-BOURGEOIS 1 : Elle est encore vierge.
Petit-bourgeois 1 et petit-bourgeois 2 rient.
JEUNE MAÇON *aux putains 3 et 2* : Elle a déjà
[quelqu'un ?

PETIT-BOURGEOIS 1 : Ne me pose jamais la question, Lohengrin.

PETIT-BOURGEOIS 2 : Il ne sait compter que jusqu'à un.

PUTAIN 3 *pleure* : C'est ça l'amour.

Le jeune maçon s'en va. Hilse veut le retenir.

JEUNE MAÇON : Je n'ai pas besoin de tuteur.

Jeune maçon repousse Hilse.

GÉNÉRAL *rit.*

GROS MAÇON : De quoi te mêles-tu.

GÉNÉRAL : Le stakhanoviste.

Stakhanoviste, la tête bandée, prend place à la table des maçons. Les maçons vont s'asseoir à une autre table.

GÉNÉRAL : Une belle tête.

GROS MAÇON : Oui. Il paraît qu'il y a des gens
Comme ça, incapables d'éviter une pierre
Quand elle tombe d'un échafaudage.

STAKHANOVISTE : Vous n'êtes pas malades.

PETIT-BOURGEOIS 1 *ivre* :
Je dis qu'il va y avoir la guerre. Qu'est-ce que tu dis.

PETIT-BOURGEOIS 2 *également ivre* : Je m'en fous.

PUTAINS 3 + 2 *chantent* : WIR KOMMEN ALLE ALLE IN DEN HIMMEL.

Putains et petit-bourgeois sortent en chantant.

GÉNÉRAL : Possible que bientôt il y aura des changements ici
Et j'en connais qui n'ont pas lieu de se réjouir.

Un temps.

GROS MAÇON : Les Allemands supportent beaucoup.
Mais pas tout.

Un temps.

HILSE : Qu'est-ce que tu veux dire, général.
GÉNÉRAL : Je sens la chair humaine, a dit le géant.
Sort. Suivi du gros maçon.
STAKHANOVISTE : Du beau monde.
HILSE : Pas autant que toi.
STAKHANOVISTE : Ils m'ont raconté que tu étais un rouge.
Un temps.
HILSE : En tout cas pas un traître aux ouvriers.
Sort.
STAKHANOVISTE : Encore un verre. J'en ai bien besoin
Pour rentrer chez moi. Je n'ose même plus
Rentrer chez moi. Chaque jour du nouveau.
Hier le tapis. Aujourd'hui le BUFFET.
Ils m'ont collé une médaille.
Et depuis ma femme se prend pour une dame,
Parce que j'ai mon nom dans le journal.
TENANCIER : Noblesse oblige.
STAKHANOVISTE : Si j'avais su ce que cette prime allait me coûter.
Un temps. Un ivrogne.
TENANCIER : Tu as assez bu.
IVROGNE : Je suis un homme libre.
TENANCIER : Et ici c'est chez moi.
IVROGNE : J'étais déjà de gauche
Quand chez toi c'était chemises brunes et compa-
[gnie
Le rendez-vous des SA.
S'assied à côté du stakhanoviste.
Commande-moi un schnaps, camarade.
Tu es un prolétaire, je suis un prolétaire. Il faut
S'entraider contre le capitalisme.

Contre le socialisme aussi. J'ai adhéré
Aux jeunesses communistes en 24. Moi
On ne me la fait pas. J'ai été calciné
A Stalingrad, dans la marmite. Ce n'était plus une
[guerre.
On aurait bouffé de l'herbe, mais je n'ai
Pas vu d'herbe. Un os, on ne lui demandait pas
S'il était de cheval ou de
ICH HATTE EINEN KAMERADEN.
Mais l'homme s'habitue à tout. Ne suis-je pas là.
J'étais le seul sous-officier
A avoir une compagnie sous ses ordres.
Le capitaine était mort, les lieutenants aussi.
Nous sommes sortis de la marmite, tous
Nous étions vingt-quatre, sauf dix.
Je les ai fait passer au travers. J'étais un sacré
[bonhomme.
Et mes gars aussi étaient de sacrés bonshommes.
STAKHANOVISTE : T'es bien placé pour le savoir.
IVROGNE : Oui.
Pas plus tard qu'aujourd'hui
J'en ai rencontré un. Travaille au ministère.
Secrétaire d'Etat comme on dit maintenant.
Il allé loin celui-là : jusqu'en haut.
Mais moi, il m'a reconnu tout de suite : c'est toi,
[chef.
Qui veux-tu que ce soit, ai-je dit. Et lui : amène-toi,
[on va
Boire un coup. Aussitôt dit, aussitôt fait. Sa femme
[était folle furieuse
Quand on a voulu reconstituer la marmite sur le
[parquet

Avec de la bière, notre marmite.
Il l'a enfermée à la cuisine.
Et ensuite nous l'avons reconstituée la marmite.
Et à la quatrième bouteille je lui demande :
Willi, vieux cochon, sais-tu encore ramper.
Et veux-tu que je te dise, tu ne me croiras pas :
Il savait encore. Voilà ce que c'est d'avoir été à mon [école.
Verse de la bière sur la table.
Ça c'est la Volga. Et là, Stalingrad.
STAKHANOVISTE : C'est ma bière.
IVROGNE : Ça ne t'intéresse pas, hein.
La guerre n'est pas terminée. Ça ne fait que [commencer.
Moi ça ne me démange plus. Je connais le trou du [cul du monde.
Du dedans comme du dehors. *Sort.*
Le jeune maçon et la putain 1.
JEUNE MAÇON *au stakhanoviste* : Quelle fille.
Hé, stakhanoviste. Tu t'en es mis plein les [poches
Avec tes nouvelles normes de productivité.
STAKHANOVISTE : Toi aussi tu y viendras.
JEUNE MAÇON : Merci bien.
Il nous faut un appartement.
PUTAIN 1 : Tu es bien pressé.
JEUNE MAÇON : Maintenant, plus question de bâcler le [travail sur le chantier.
C'est peut-être mon propre appartement que je [construis.
STAKHANOVISTE : Qu'est-ce que je disais, tu y vien- [dras.

JEUNE MAÇON : Pas grâce à toi.
STAKHANOVISTE : D'autres t'y aideront.
PUTAIN 1 *chante* : SO SCHÖN WIE HEUT SO SOLL ES IMMER BLEIBEN
Je crois que j'ai trop bu.
JEUNE MAÇON : Viens.
Je te raccompagne.
PUTAIN 1 : Il faut que j'aille travailler.
JEUNE MAÇON : L'équipe de nuit ?
PUTAIN 1 : Je suis toujours de l'équipe de nuit.
Le marchand de crânes s'est levé, ramasse son sac et s'approche, titubant légèrement.
PUTAIN 1 : Qu'est-ce qu'il veut.
JEUNE MAÇON : C'est le Père Noël. Quelque chose ne va pas ?
MARCHAND DE CRANES : Un beau couple. Permettez que je vous propose un petit souvenir. *Sort une tête de mort du sac. Putain 1 pousse un cri.* Un memento mori pour le nouveau foyer. MITTEN WIR IM LEBEN SIND / VON DEM TOD UMFANGEN. Je l'ai déterré moi-même. Et fait bouillir trois fois. Un exemplaire tout à fait propre. Du dix-huitième siècle d'après la pierre tombale. Et c'est un bon crâne, touchez ses tempes. Voilà ce que la terre fait venir à la lumière. Il y eut de la pensée ici, monsieur, la Théodicée du grand Leibniz a trouvé place dans cette cavité. Le matérialisme est une erreur, croyez-moi.
PUTAIN 1 *rit* : Il est bizarre.
MARCHAND DE CRANES : Vous pouvez aussi avoir un squelette. Un porte-manteau philosophique pour votre vestibule. Débarrassez-vous, madame. Aussi

complètement, monsieur ? Un squelette, bien sûr, c'est plus cher. On trouve rarement un squelette entier. Allez savoir ce que les morts peuvent bien faire de leurs os. *Ricane.* J'ai ma petite idée là-dessus. Mais laissons cela. Cinquante le crâne.

PUTAIN 1 : J'ai peur.

JEUNE MAÇON : Ça ne va pas se passer comme ça.

MARCHAND DE CRANES : C'est donné, monsieur. Il ne s'agit pas de Reichsmarks.
Je couvre à peine mes frais.

JEUNE MAÇON : Remballez votre camelote, patron.

PUTAIN 1 : Je veux partir.

MARCHAND DE CRANES : Excusez.

Putain 1 et jeune maçon sortent.

MARCHAND DE CRANES : J'aimerais bien boire encore quelques verres ou plus de votre excellente eau-de-vie, mais hélas je n'ai plus de liquide. Prenez ce crâne en dépôt.

TENANCIER : Et vous viendrez le retirer le jour de la résurrection, c'est ça.
Que vous buviez quelques verres ou plus c'est votre affaire, mais ici on paye comptant.

STAKHANOVISTE : Tu les trucides toi-même, collègue ?

MARCHAND DE CRANES *prend place à la table du stakhanoviste* : Je travaille dans l'infrastructure. Pour ainsi dire. Nous déménageons les cimetières à l'insu du public. Exhumer, comme on dit dans la langue des survivants. Je suis un survivant, j'exhume. UNDER BLUOMEN UNDE GRAS. Nous travaillons de nuit. Sous alcool à cause du danger d'infection. GRAUT LIEBCHEN AUCH VOR TOTEN.

Pour moi une activité qui ne manque pas de sel : j'étais historien. Une erreur de périodisation, le Reich millénaire, vous comprenez. Depuis que l'histoire m'a renvoyé dans les cimetières, en quelque sorte à son aspect théologique, je suis immunisé contre le virus cadavérique de la promesse de salut sur cette terre. L'âge d'or est derrière nous. Jésus n'est que le résidu post-natal des morts.

Connaissez-vous Virgile.

DÉJÀ DESCEND DES CIEUX
UNE NOUVELLE RACE
QUI VA CLORE L'ÂGE DE FER ET AFFRANCHIR
LES TERRES DE LA FRAYEUR.
VOYEZ COMME TOUT ASPIRE
AU NOUVEAU SIÈCLE
QUI PREND SON VOL CHARGÉ DES PRÉSENTS
DE LA TERRE ;
LA CAMPAGNE SOUS LES MOISSONS
PEU À PEU VA BLONDIR
AUX BUISSONS INCULTES PENDRE ROUGISSANTE
LA GRAPPE
ET DES CHÊNES DURS S'ÉCOULER
UNE ROSÉE DE MIEL.
BRAVER LA MER SUR DES RADEAUX, CEINDRE
LES VILLES
DE MURAILLES, CREUSER DES SILLONS DANS LE SOL
NE SERA PLUS NÉCESSAIRE.

TENANCIER : Messieurs, soulevez vos culs de mes chaises. On ferme.

LA SAINTE FAMILLE

Le bunker du Führer. Hitler, figé dans une de ses poses. Une cloche sonne les douze coups de minuit. Hitler se met à bouger, bâille, fait quelques pas, étudie ses poses, prend un jerrycan et boit de l'essence, etc.

HITLER : Joseph

Goebbels avec pied-bot et des seins énormes, en état de grossesse avancée.

GOEBBELS : Mon Führer !

HITLER *tapote le ventre de Goebbels* : Que devient notre héritier. Il remue ? Bravo. Tu bois ton essence ? *Tire sur les tétons de Goebbels.* La tétine est-elle bien dure, comme il se doit chez une mère allemande ? Bravo. Supériorité alimentaire, supériorité militaire.

GOEBBELS : On n'a plus d'essence que pour trois jours.

HITLER : Dépêche-toi d'accoucher. Garde !

Garde en uniforme noir avec tête de sanglier.

HITLER *pinçant les fesses de Goebbels qui pouffe de rire* : Le petit déjeuner !

Sort le garde. Un soldat. Hitler le mange, il finit par la tête. Eternue, crache et se retire les cheveux de la bouche.

J'avais ordonné que mes hommes soient rasés avant que je les mange. Saloperie !

Eternue et boit de l'essence.

GOEBBELS : Permettez-moi de vous faire remarquer, mon Führer, que ceux qui sont dans le secret sont et doivent rester peu nombreux. Le peuple allemand aime en vous le végétarien. Nous avons des problèmes de personnel, le coiffeur ne peut pas justifier de son ascendance aryenne. Le précédent a été muté, il rase à présent monsieur Staline. Les voies de la providence sont miraculeuses.

HITLER *hurle* : Perfidie ! Fourberie ! Trahison ! Je suis entouré de traîtres. Qui veulent m'assassiner. Qui posent des bombes dans mon lit. Qui mettent des couteaux dans ce que je mange. Qui versent du poison dans mon essence. Je vais les décapiter. Je vais les pendre. Je vais les écarteler. *Pousse des hurlements, mord le tapis tout en poussant des hurlements. Rampe jusqu'à Goebbels, pose la tête sur ses seins, gémit.*

GOEBBELS *le caresse et le berce* : Tu es le plus grand. C'est toi le plus fort. Que veux-tu qu'ils te fassent. Tu les châtieras.

HITLER *toujours dans la même position* : Oui. Trancher les doigts. Les mains. Les bras. Les jambes. Couper les oreilles. Couper le nez. *Pouffant de rire et gigotant.* Arracher la quéquette.

GOEBBELS *le menaçant du doigt* : C'est vilain de dire quéquette.

HITLER *se jette par terre, trépigne* : C'est toi qui as dit quéquette. Avoue que tu as dit quéquette. Traître. Toi aussi tu es un traître.

GOEBBELS *très vite* : J'ai dit quéquette. Je l'avoue. Grâce, mon Führer.

HITLER *se lève, prend la pose de Napoléon* : Tu vois. Pour ta punition tu vas me lécher les bottes.

Goebbels se jette sur la botte gauche de Hitler.

HITLER : La droite d'abord.

Goebbels se jette sur la botte droite de Hitler.

Garde !

Garde.

Le rapport.

GARDE : Un chien est passé là-haut en courant.

HITLER : Tu entends ça, Joseph. Ils se camouflent. Ils n'osent plus nous affronter à visage découvert. Mais je vois clair dans leur jeu. Je vois tout. Un chien. Ridicule. Ensuite.

GARDE : Il a pissé dans l'herbe. C'est tout, mon Führer.

HITLER : Ouvre l'œil. L'ennemi est partout.

GARDE : Oui, mon Führer.

Garde sort.

HITLER : Je vais maintenant m'adresser à mon peuple. Mon peuple.

Goebbels porte les mains à son ventre, crie, se roule par terre en criant.

HITLER : Une mère allemande ne crie pas. Garde !

Garde.

HITLER : Qu'on fasse venir la sage-femme. Le moment est venu.

Garde sort.

Ce sont les douleurs. Les douleurs ont commencé. Je connais cela de mon premier mariage. *Goebbels a des gestes hystériques.* Es-tu toujours jaloux de ce cher vieux Ernst ? Oui, c'était un traître. Lui aussi. Tu te rappelles les yeux qu'il a faits quand il a vu mon revolver. Il ne s'y attendait pas. Cette petite traînée. Comme ses joues tremblotaient. Il avait un peu engraissé les derniers temps. J'ai vidé tout mon chargeur. Ma main n'a pas tremblé. Vous le teniez, tu te rappelles. Toi et Herrmann. Un traître lui aussi. Je suis entouré de traîtres. Mon dos n'est plus qu'une cicatrice. Un coup de poignard après l'autre. Partout ils sont aux aguets. Là. Et là. *Marche de long en large de plus en plus vite, se retournant subitement à plusieurs reprises.* Ils sont derrière moi. Ils n'osent pas m'affronter en face. Ils restent derrière moi. Tu vois. Mais je les aurai tous. La providence veille sur moi.

Garde.

GARDE : De nouveau le chien est passé en courant. De nouveau il a pissé. La sage-femme.

Germania, énorme, avec une trousse de sage-femme.

GERMANIA *donne à Hitler des coups de poing dans le ventre, tâte ses dents, etc.* : Comment vas-tu, mon garçon. Tu bois ton essence ? Tu manges tes hommes ? Bien.

Elle lui prend les testicules.

HITLER *gêné* : Maman !

GERMANIA : Toujours ton complexe d'Œdipe ? *Rit.*

HITLER : C'est une saloperie juive.

GERMANIA : Je ne veux plus entendre parler de ça. J'ai eu assez d'ennuis avec tes histoires de juifs. Il y a des gens qui me montrent du doigt. Encore aujourd'hui. Il y en a qui ne me disent même pas bonjour.

HITLER : Le juif —

Germania lui flanque une gifle. Hitler pleurniche.

GERMANIA : Le bassin est trop étroit. Ce sera un accouchement aux fers. Aucune crainte, ce n'est pas mon premier. Mais on n'en est pas encore là.

On n'a rien sans peine. Ecarter les jambes. Respirer à fond. Et pousser. Voilà. Et un. Et deux.
Garde.

GARDE : Les trois mages de l'Occident.

HITLER : Tu entends ça, Joseph. On s'intéresse de nouveau à nous. On est redevenu quelqu'un. Le monde –

GOEBBELS : CEST LA GUERRE TOTALE QUE VOUS VOUL—

GERMANIA : Ta gueule.

HITLER *au garde* : La garde d'honneur.

GERMANIA *à Goebbels* : Tu aurais pu te mettre un peu de rouge.

HITLER : Une mère allemande –

GERMANIA : Il faut marcher avec son temps si on veut se refaire une santé dans les affaires.
Fait à Goebbels un maquillage de prostituée. Voilà.
A Hitler : Et que tout se passe comme sur des roulettes. Est-ce que les hommes savent leur texte ?

HITLER : La providence –

GERMANIA : J'aimerais mieux en être sûre.
La garde d'honneur, têtes de chiens, crêpe blanc sur les uniformes noirs, bottes ensanglantées, ailes d'anges, se met en place.

GERMANIA : Ils auraient pu nettoyer leurs bottes. Faut-il que je fasse tout toute seule. Quelle saloperie !
Les trois mages passent la garde en revue.

MAGE 1 : Notre semence a levé.

MAGE 2 : Moi, les bottes ne me plaisent pas.

MAGE 3 : Veto. Moi non plus, elles ne me plaisent pas.

MAGE 1 : Ne perdons pas de vue notre objectif.
MAGE 2 : Le communisme est une menace redoutable.
MAGE 3 : Surtout du point de vue moral.
MAGE 1 : Songez seulement aux enfants.
GARDE D'HONNEUR *aboie* : LIBERTÉ DÉMOCRATIE OCCIDENT PAIX UN CHEZ SOI VAUT TOUT L'OR DU MONDE PLUTÔT MORT QUE ROUGE UN BON INDIEN EST UN INDIEN MORT À CHACUN LE SIEN UNITÉ DANS LA PROPRETÉ.
GERMANIA *soulagée* : Ça a marché.
MAGE 1 : Qu'est-ce que je vous disais.
MAGE 2 : Effectivement. Un esprit nouveau.
MAGE 3 : Finalement, des bottes ça se nettoie.
GOEBBELS *hurle* : C'EST LA GUERRE TOTALE QUE VOUS VOUL—
HITLER : En cet instant historique —
Goebbels lâche un pet monumental qui répand un nuage de puanteur et renverse les trois mages.
GARDE D'HONNEUR : Sieg Heil Sieg Heil Sieg Heil.
Les trois mages sursautent, se bouchent le nez, se relèvent.
GOEBBELS : Mon Führer.
GERMANIA *à Hitler* : Pourvu que ce ne soit pas du vent. Tu n'as jamais été une terreur au lit.
Hitler grogne.
MAGE 3 : Ça ne sent pas bon, n'est-ce pas.
MAGE 2 : Ça ne sent vraiment pas très bon.
MAGE 1 : Il ne faut pas se formaliser pour si peu.
MAGE 3 : Finalement ce n'est que naturel.
MAGE 2 : Rien de ce qui est humain ne m'est étranger.

MAGE 3 : Les cadeaux, peut-être serait-ce le moment.
MAGE 2 : Nous ne sommes pas tenus de rester jusqu'à la fin.
MAGE 3 : Finalement tout suit son cours.
MAGE 1 : Les cadeaux !
Les soldats des trois mages apportent les cadeaux et ressortent.
MAGE 3 : Une panoplie d'instruments de torture. Je les ai essayés moi-même. Je crois que vous avez un proverbe. OÙ IL Y A DE LA GÊNE.
MAGE 2 : Un jouet d'époque pour le cher petit. J'ai grandi avec. Ça fortifie le sentiment de soi-même. Le fonctionnement est très simple. On installe le canon, on le charge, on met l'homme devant et boum ! Et avec, une panoplie d'hommes de couleur.
MAGE 1 : Une babiole pour votre cuisine. Un spécimen encore frais. A peine endommagé. La chasse a eu lieu hier. Nous avons tous nos petites faiblesses.
HITLER *magnanime* : Je ne mange pas d'hommes de couleur.
MAGE 1 : Un peu bien gênant ce fanatisme.
MAGE 3 : Il n'est vraiment pas fréquentable.
MAGE 1 : Il ne faut pas le brusquer. Dieu sait quand nous aurons de nouveau besoin de lui.
GERMANIA *à Hitler* : Il faut marcher avec son temps. Ça vaut pour toi aussi. Dis merci à ces messieurs.
Hitler grogne et en grognant lèche les chaussures des trois mages. Long cri de Goebbels.
GERMANIA : Messieurs, nous y sommes. Où sont les fers. Donnez-moi un coup de main.

Germania introduit les fers, tire, le premier mage tire Germania, le deuxième le premier, le troisième le deuxième.

HITLER : Mon peuple !

GARDE D'HONNEUR : DEUTSCHLAND ERWACHE ! SIEG HEIL !

LES TROIS MAGES : ALLÉLUIA ! HOSANNA !

Un loup hurle. Germania et les trois mages tombent sur le derrière. Devant eux un loup-thalydomide.

LES TROIS MAGES *consternés* : Oh !

Germania se relève, sort de sa trousse de sage-femme un paquet familial de SUNIL et le vide sur le loup. Lumière blanche. Le loup se retrouve dans la peau d'un agneau.

GERMANIA *aux trois mages* : Vous disiez ?

Le loup met en pièces la marionnette-nègre. Hitler torture Germania, immobilisée par la garde d'honneur, Goebbels danse une danse de Saint-Guy.

GERMANIA *crie.*

HITLER *rit.*

GARDE D'HONNEUR : DEUTSCHLAND ERWACHE ! SIEG HEIL !

GOEBBELS *toujours dansant* :

HEUREUSEMENT PERSONNE NE SAIT
QUE JE M'APPELLE RUMPELSTILZCHEN.

LOUP *hurle.*

LES TROIS MAGES *dans la position des trois singes* :

ALLELUIA ! HOSANNA !

Hitler charge le canon. Germania est attachée devant le canon par la garde d'honneur. Détonation, le rideau tombe.

LE MONUMENT AUX OUVRIERS

Chantier.

CHEF D'ÉQUIPE : Un nouveau. Hier, encore au ministère. *Sort.*

GROS MAÇON : Plus haut tu montes, plus tu tombes de haut.

LE NOUVEAU : Le chantier vaut mieux que la prison.

GÉNÉRAL : Ici tu pourras contempler l'Etat d'en bas.

HILSE : Général, te voilà promu ouvrier.

GÉNÉRAL : Voici ta croix, ministre.

Il dépose son fardeau sur le dos du ministre. Un employé accroche une banderole : NOUS AUGMENTONS NOTRE NORME.

JEUNE MAÇON : Vous avez vu.

GÉNÉRAL : Voilà que nous voulons encore travailler plus.

GROS MAÇON : Et pour moins cher.

GÉNÉRAL : Et plus pour longtemps.

JEUNE MAÇON : Et toi tu es le héros.

HILSE *au général* : Ta peau brune te démange.

GÉNÉRAL : Heil Staline.

HILSE : Je te tue.

GÉNÉRAL : Ça aussi je sais le faire.

L'employé revient et enlève la banderole.

HILSE : Qu'est-ce que ça veut dire.

GROS MAÇON : Tantôt c'est blanc,
Tantôt c'est noir.

EMPLOYÉ : Est-ce que je sais. Moi je fais
Ce qu'on me dit.

MINISTRE : C'est la nouvelle ligne.
J'étais contre. Maintenant je suis pour.
GÉNÉRAL : Voulez-vous que je vous dise. Ils ont
Les foies.
GROS MAÇON : Il y a quelque chose dans l'air.
HILSE : Quelle nouvelle ligne.
MINISTRE : La démocratie
On discute la norme avant de l'augmenter.
GÉNÉRAL : On n'est pas en Russie. On est pas des coolies.
GROS MAÇON : L'Allemand endure bien des choses.
Mais pas tout.
HILSE : On ne te paye pas pour que tu fasses des discours, général.
Et toi non plus. Il y a du travail.
GÉNÉRAL *le poing fermé* : Tu te souviens de ça Thaelmann. WENN UNSER STARKER ARM ES WILL.
HILSE : Va au travail ou bien quitte le chantier.
Sirènes.
JEUNE MAÇON : Encore quelqu'un qui vient de mourir ?
HILSE : Que se passe-t-il.
GÉNÉRAL : Pour le moment encore rien.
GROS MAÇON *à Hilse* : Devine.
Trois réponses.
VOIX : Tout le monde cesse le travail. C'est la grève.
GÉNÉRAL *à Hilse* : J'ai réfléchi. Je quitte le chantier.
Jette sa truelle aux pieds de Hilse.
VOIX : Tout le monde dans la rue. Marche
Sur le ministère.
GÉNÉRAL : Ils vont entendre causer allemand

Les camarades.

GROS MAÇON : Ils ne comprennent que le russe.
Rit de sa plaisanterie.

GÉNÉRAL : L'américain, ils comprendront.

HILSE : Ici l'émetteur RIAS de Berlin.

MINISTRE : Là vous allez trop loin.

GÉNÉRAL : On t'a demandé ton avis, valet des Russes.

GROS MAÇON *à Hilse* : Les carottes sont cuites, Franz.

GÉNÉRAL : Ceux qui ne veulent pas briser une grève, qu'ils me suivent.
Sort.

GROS MAÇON : Vous avez les foies ?

JEUNE MAÇON *à Hilse* : Tu veux travailler tout seul.

HILSE : Moi vous ne me rendrez pas fou.

GROS MAÇON : Et toi
Ministre. T'es avec la classe ouvière ?
Un conseil : qui n'est pas avec nous
Est contre nous.

JEUNE MAÇON : Ma première grève. Un marin
Doit tout connaître.
Sort, avec sa truelle.

HILSE : Sais-tu derrière qui tu trottes.

JEUNE MAÇON : Garde ma truelle, jusqu'à ce que je revienne.
Il l'oblige à prendre sa truelle. Hilse reste là, une truelle dans chaque main.
Jeune maçon sort.

HILSE : Et vous dites que vous êtes des ouvriers.

GROS MAÇON *rit* : Qui ? Moi ?

MINISTRE : Les Russes
Faudrait peut-être pas les oublier.

GROS MAÇON : Les Américains non plus.

Sort.

MINISTRE : Je ne sais pas comment ça va finir. Mais ça ne peut pas continuer comme ça.

Laisse tomber sa hotte et sort.

HILSE : Moi, vous ne me ferez pas perdre la tête.

Trie les pierres, remplace celles qui sont cassées, se met la hotte sur le dos.

Ça bousille le matériel. Et ça veut faire grève.

Travaille. Des adolescents, crânes rasés, avec des vélos.

PREMIER ADOLESCENT : Hé, pépé, t'as des tomates devant les yeux.
Y'a pas classe aujourd'hui.

DEUXIÈME ADOLESCENT : Il ne veut pas nous causer.

TROISIÈME ADOLESCENT : Fais attention de ne pas attraper une hernie, papa.
Le travail aux pièces c'est la mort.

PREMIER : Il lui manque une case.

DEUXIÈME : Faut que papa trime. Maman a besoin
D'une nouvelle bassine.

TROISIÈME : Comme ça, ça va plus vite pépé.

Jette une pierre sur Hilse qui est en train de transporter des pierres.

HILSE : Voyou. Foutez le camp du chantier.

DEUXIÈME : Pépé
Ne tient plus à la vie.

TROISIÈME : Dernier avertissement.
Après c'est pour de bon, papa. Laisse tomber.

PREMIER : Suis le peuple, sinon t'auras des ennuis, pépé.

HILSE : Morveux, qu'est-ce que tu en sais.

PREMIER *furieux, jette une pierre* : Vieil idiot.

La chaux te ruisselle déjà des oreilles.
Il est tellement calcaire qu'avec ses os
On ne pourrait même plus faire de la colle.
DEUXIÈME : A la tombe,
Pépé, sinon il n'y aura plus de place pour toi. Tes
Camarades font la queue à la porte du cimetière.
HILSE *furieux* : C'est pour vous que nous. Et vous.
[Vous —
TROISIÈME *froidement* : J'en connais
Qui sont en taule aujourd'hui. Et qui n'y seront
plus demain.
PREMIER : Pépé a rougi. Pépé a honte.
DEUXIÈME : Pépé a toujours été rouge. Pépé est rouge
Jusqu'à l'os.
PREMIER *vite* : J'aimerais voir ça.
Jette une pierre.
DEUXIÈME : Raté.
PREMIER : Et celle-là. Et celle-là.
Jette une pierre et l'atteint. Le vieux maçon saigne.
DEUXIÈME : Qu'est-ce que je te disais.
PREMIER : Jusqu'à l'os.
Hé.
Idée soudaine. Tu danses, pépé ?
Improvise un ROCK, *jette en rythme. Les autres s'y mettent.*
Tous les trois, sur le rythme de rock, jettent des pierres sur le maçon.
TOUS LES TROIS : Yea —
DEUXIÈME : Lève les guibolles.
TOUS LES TROIS : Yea —
TROISIÈME : Ça vient, pépé.
PREMIER : Et plus vite, pépé.

DEUXIÈME : On ne s'endort pas.
TROISIÈME : Hé.
Tu ne vas tout de même pas nous lâcher.
DEUXIÈME : Pépé va nous le faire.
TROISIÈME : Pépé sait tout faire.
PREMIER : Pépé est un champion
Du marathon.
DEUXIÈME : Pépé est un nuage.
Pluie de pierres et final. Le maçon s'écroule.
DEUXIÈME : On dirait un monument aux ouvriers.
PREMIER *s'approche du maçon* : Merde.
Il est mort.
DEUXIÈME : Tu as vu quelque chose, toi ?
TROISIÈME : Un accident du travail.
DEUXIÈME : Oui. Le travail aux pièces c'est la mort.
Sortent rapidement tous les trois.

LES FRÈRES 1

Le Véser coulait entre les Romains et les Chérusques ; sur sa rive, Arminius parut avec les autres chefs et demanda si César était arrivé. On lui répondit qu'il était là, il sollicita alors la permission de s'entretenir avec son frère. C'était Flavus, qui servait avec ce surnom dans notre armée et se signalait par sa fidélité ; une blessure lui avait fait perdre un œil quelques années auparavant sous le commandement de Tibère. La permission accordée, Flavus s'avance ; Arminius le salue, puis renvoie son escorte et demande que les archers rangés au bord de notre rive se retirent aussi ; quand ils se sont éloignés, il veut savoir de son frère, d'où vient qu'il est ainsi défiguré. Flavus cite le lieu et la bataille. Arminius s'informe de la récompense reçue. Flavus signale une augmentation de solde, un collier, une couronne et d'autres présents militaires ; Arminius se raille de voir l'esclavage à vil prix.

Ensuite le débat commence. Flavus fait valoir la grandeur romaine, les ressources de César, les lourds châtiments infligés aux vaincus, la clémence qui attend quiconque consent à se soumettre ; il ajoute à la fin que la femme et le fils d'Arminius ne sont pas traités en ennemis. L'autre parle des devoirs envers la patrie, de la liberté héréditaire, des dieux domestiques de la Germanie, de sa mère qui s'unit à lui pour prier Flavus de ne pas aimer mieux, déserteur de ses proches, de ses parents par alliance, de sa nation enfin, les trahir que les commander. Peu à peu, ils se laissent aller aux injures ; ils en seraient venus aux mains et le fleuve qui les séparait ne les en eût même pas empêchés, si Stertinius accourant n'eût retenu Flavus qui, plein de rage, réclamait ses armes et son cheval. On voyait en face Arminius, la mine menaçante, nous provoquer au combat : parmi ses défis il jetait beaucoup de mots latins, en homme qui avait servi dans les camps romains, à la tête de ses concitoyens.
Tacite, ANNALES, II, 9-10*.

* Trad. H. Goelzer, Les Belles-Lettres.

LES FRÈRES 2
Prison

TROUSSEAU DE CLEFS : Par ici, au salon. Tout le [confort
W.-C. privés et coetera. *Indiquant la fenêtre* : Et [même
La télé. Si le programme ne te plaît pas
Chez nous tout le monde est libre de désirer [quelque chose.
SABOTEUR : Aujourd'hui ça nous plaît.
TROUSSEAU DE CLEFS : T'as dit quelque chose ?
SABOTEUR : Pourquoi la promenade est-elle supprimée aujourd'hui.
TROUSSEAU DE CLEFS : Vous pourriez prendre froid.
Le baromètre est sur variable depuis hier. Tiens.
Donne au nouveau un paquet de cigarettes. Sort.
SABOTEUR : Il les a à zéro.
NOUVEAU *regarde les cigarettes* : Qu'est-ce qui se passe
Dehors.
GANDHI : Donne. Les cigarettes.
Gandhi distribue les cigarettes. Passe le nazi.
NOUVEAU : Et lui ?
GANDHI : Le nazi ne fume pas.
SABOTEUR : Pourquoi t'es là ?
GANDHI : C'est un politique.
SABOTEUR *au nouveau* : Socialiste ?
GANDHI : Communiste.
SABOTEUR : T'as trouvé un poil dans la soupe ?
D'une moustache ? A moins que ce ne soit d'une barbiche. *Silence.*

GANDHI : Pourquoi demandes-tu ce qui se passe dehors.
COMMUNISTE : Parce que je veux le savoir.
GANDHI : Tu viens de la lune.
COMMUNISTE : Que se passe-t-il.
GANDHI : Tu poses trop de questions. On n'aime pas ça.
SABOTEUR : Veux-tu que je te fasse voir les étoiles ?
NAZI *s'avançant* : C'est mon frère.
SABOTEUR : Le rouge ?
GANDHI *rit* : IN DER HEIMAT IN DER HEIMAT
DA GIBTS EIN WIEDERSEHN
COMMUNISTE : Mon frère le mouchard.
Silence.
Tu as fait du chemin.
NAZI : Autant que toi.
Un temps. Bruit de foule au-dehors. Dans la prison, chœur de gamelles, de coups contre portes et tuyaux, etc., qui dure pendant ce qui suit.
SABOTEUR *à la fenêtre* :
Il n'y en a plus pour longtemps.
COMMUNISTE *à la fenêtre* : Qu'est-ce qui se passe ?
SABOTEUR : Le peuple se soulève.
COMMUNISTE : Ils se sont saoulés.
SABOTEUR : Répète, saleté de rouge.
COMMUNISTE : A la bière, et aux frais de l'Etat.
Le saboteur envoie le communiste au tapis.
NAZI : Lui, il a fait sauter un pont. Sabotage.
Classe ouvrière. Il peut te dire
A quoi ressemble votre paradis vu d'en bas.
SABOTEUR : Et quand je serai sorti d'ici, je ne me [salirai

Plus les mains. A moi la belle vie.
Le communiste veut envoyer le saboteur au tapis. Gandhi s'interpose.

NAZI : Et lui c'est Gandhi. La perpétuité. Pour [meurtre.
Gandhi travaille du couteau. Hélas
Il n'a pas son couteau sur lui. Demain
Il l'aura de nouveau. Et ce sera reparti pour un [tour.
La nuit des longs couteaux. Tu te souviens.
Je me tenais sur le pas de ta porte. J'étais ton frère.
Tend la main. Son frère ne la prend pas.
Mais mon frère n'avait pas de main libre.
Je suis ton frère.

COMMUNISTE : Je n'ai pas de frère.

NAZI : Tu ferais mieux d'éteindre la lumière, frère. Le [Reichstag
Flambe, quelle lumière, aujourd'hui c'est la nuit
Des longs couteaux.

COMMUNISTE : Et le limier que recevra-t-il ?
Accomplis ta tâche. Tu recevras mes os
Quand tes bouchers en auront terminé avec moi.
Où sont-ils. Ne les as-tu pas amenés.

NAZI : Je les ai amenés. Veux-tu les voir.
Les voilà. *Arrache sa veste, montre son dos couvert de cicatrices anciennes.*
Reconnais-tu leur signature. Elle est
Encore lisible. Elle s'était estompée
En vingt ans, mais tes amis
L'ont rafraîchie, avec du vieux faites du neuf
Pour que mon frère ait quelque chose à lire

Pendant les vacances qu'ils lui ont prescrites
Pour qu'il se repose du communisme.
Gandhi et le saboteur rient.

COMMUNISTE : Nous on ne cogne pas.

NAZI : Qui c'est, nous ?
Nazi, Gandhi et le saboteur rient.
Et comment on devient un mouchard, tu t'en [souviens.
Le court stage dans la cave de la Gestapo.
Le mien fut bien assez long. Pour toi c'est plus [facile,
Communiste le lundi, et mardi tu ne l'es plus
Puisque le parti dit que tu ne l'as jamais été.
Trois semaines durant ils m'ont travaillé
Je n'ai craché que du sang pas la moindre syllabe.
Puis la remise en liberté. Puis de nouveau la cave
Ma chair n'était qu'un lambeau, mais pas de noms.
Je suis sorti, personne ne me connaissait plus.
Une arrestation et c'était moi le mouchard.
Qui savait que je ne me suis pas mis à table.
Et quand je retournai dans la cave
Avec dans mon dos rien que mon dos
J'étais seul, pour vous j'étais le mouchard.
Quand je suis sorti, c'était le mouchard
Qui sortait, sur le dos son cadavre
Qui sur son dos portait d'autres cadavres
Mis en pièces comme le mien et mis en pièces par [moi.

COMMUNISTE : Tu peux remettre ta veste, mouchard.

SABOTEUR : Dois-je lui montrer qui tient le bon bout maintenant.

NAZI : Il le verra bien quand on sera dehors.

Bruit de foule plus fort. Mélange de LIBERTÉ ALLEMAND A MORT PENDEZ-LES.

COMMUNISTE : Pourquoi ne tirent-ils pas. Mais c'est pas vrai.
Tambourine à la porte.
Camarades, défendez la prison. Tirez.

GANDHI : On n'a jamais vu ça. C'est pas croyable.
Tu veux faire tout ton temps, crétin.

NAZI : Tes camarades se sont volatilisés.

SABOTEUR : On finira bien par les retrouver. Et alors on les hissera en guise de drapeau les camarades. Au bout de chaque hampe il y aura de la place aujourd'hui.

NAZI *à son frère* : Et toi on te mettra en berne.

COMMUNISTE : Pourquoi n'ai-je pas
Maintenant le revolver avec lequel je ne
T'ai pas abattu il y vingt ans.
Ah si je pouvais revenir en arrière.

GANDHI : Prends un couteau.
Et avec les mains aussi ça marche. Mais il faut
Avoir appris. Si tu veux je te montre.
Passe ses mains autour du cou du communiste.

NAZI : Le repentir vient trop tard. On ne meurt [qu'une fois
Et pour moi c'est chose faite. Je suis mort.
Depuis que j'ai quitté le pas de ta porte dans cette [nuit
Des longs couteaux quand de ta main
Sur le plancher tomba le revolver
Avec un bruit plus fort qu'aucun coup de feu [entendu avant
Et après, alors que la balle pour le mouchard

Que ton frère avait quémandée à genoux
Etait encore engagée dans le canon.
COMMUNISTE : Je te briserai les os, tous.
NAZI : Briser les os c'était ma spécialité.
Hommes, femmes et enfants à Orel.
COMMUNISTE : Je ne voulais pas me salir les mains.
NAZI : Et les voilà pleines de sang. Ainsi va le monde.
Ne t'en fait pas, ce n'est qu'un abattoir, frère.
Veux-tu voir ici une affaire d'avenir
Va tout de suite dans une fabrique de cercueils.
Sais-tu à quoi ressemble votre socialisme
Là où le cœur de l'homme bat si librement.
SABOTEUR : C'est parce qu'ils n'ont rien à se mettre sur le dos.
COMMUNISTE : Salauds. Espèces de salauds.
GANDHI : Doucement
Ici tu es dans la minorité, camarade.
NAZI : Espérons que ça va marcher, avant que les Russes interviennent.
SABOTEUR : Et alors. Les Américains ne nous laisseront pas tomber.
GANDHI : Contre les Allemands ils sont tous d'accord.
SABOTEUR : Ils seront étonnés de ce que les Allemands ont dans le ventre.
COMMUNISTE : Quand ça sortira peut-être que toi rien ne t'étonnera plus.
SABOTEUR : Ordure. Traître. Valet des Russes.
COMMUNISTE : J'ai déjà entendu ce genre de choses, [collègue.
On nous a trimballés sur la route des crêtes
En camion, gardés par des SA

D'un camp dans un autre camp
Les menottes aux mains à travers la belle patrie
[allemande.
C'était au printemps. Tous les oiseaux allemands
Etaient à leur poste, et la forêt allemande
Etait verte comme seule l'est la forêt allemande, et
[seul
Le vent n'avait pas de patrie, et nous non plus.
Nos gardiens avaient soif. Ils s'arrêtaient
Une brasserie sur trois, faisaient le plein de
[bière
Lâchaient leur eau et refaisaient le plein.
Quant à nous, ils nous avaient concocté quelque
[chose.
A chaque arrêt ils nous présentaient à la foule
Pour qu'elle nous conspue. Voyez les traîtres.
La mère allemande ils veulent lui prendre
Son enfant, et à l'homme allemand sa femme.
Et ainsi de suite, en avant la litanie. Et les autres
[venaient,
Des enfants dans le ventre et des enfants sur les
[bras
Et nous envoyaient leurs crachats dans la figure
Les menottes aux mains nous ne pouvions pas les
[essuyer.
Et il nous fallait nous agenouiller devant les en-
[fants,
Au troisième arrêt, couvert de tous ces crachats
[allemands
Je ne pouvais plus voir la belle patrie allemande.
Gandhi et le saboteur rient.
Et les yeux fermés je vis davantage.

Je vis les oiseaux allemands chier sur
La verte forêt allemande en escadrilles
Et leur merde explosait et
La verdure devenait cendres sur leur passage.
Les enfants rampaient hors des ventres
Des mères allemandes, arrachaient à coups de
[dents
Aux pères allemands leurs queues allemandes
Et pissaient sur la plaie en chantant.
Puis se suspendaient au sein maternel
Et se gavaient de sang jusqu'à épuisement des
[réserves.
Et puis s'entredéchiraient les uns les autres.
Enfin se noyaient dans leur propre sang
Dont le sol allemand était déjà saturé.

NAZI : Tu nous chantes un vieux psaume. Que vois-tu maintenant.

Lui crache à la figure. Le bruit de foule faiblit et s'éloigne rapidement. Bruit de chars. Le concert de gamelles, etc., s'arrête.

SABOTEUR : Hé. Vous entendez.

NAZI : Merde.

GANDHI : Qu'est-ce qui se passe.

COMMUNISTE : C'est les chars. La plaisanterie est
[terminée.
Et vous vous restez à votre place.

NAZI : Avec toi.
Elle te plaît tant que ça l'Internationale
Chantée par les chenilles des tanks.

COMMUNISTE : Jamais elle ne m'a plu autant qu'au-
[jourd'hui
Chantée par les chenilles des tanks, mouchard.

SABOTEUR : Tu ne vas pas tarder à entendre chanter
[les anges.
Il faut bien qu'il y en ait au moins un qui y passe
[aujourd'hui.
GANDHI : C'est tout ce qu'il cherche. Son commu-
[nisme de toute façon
Il n'en verra pas la couleur.
COMMUNISTE : Qui suis-je.
Les trois se jettent sur lui.

NOCTURNE

Sur la scène se tient un homme. Il est plus grand que nature, peut-être une marionnette. Il est habillé d'affiches. Son visage n'a pas de bouche. Il contemple ses mains, remue les bras, essaie ses jambes. Une bicyclette dont on a ôté le guidon ou les pédales ou les deux ou le guidon, les pédales et la selle, traverse rapidement la scène de droite à gauche. L'homme qui est peut-être une marionnette court après la bicyclette. Une barre transversale sort du plancher. Il trébuche et tombe. A plat ventre il voit la bicyclette disparaître. La barre transversale disparaît sans qu'il l'ait vue. Quand il se relève et cherche des yeux la cause de sa chute, le plancher est de nouveau parfaitement plat. Ses soupçons tombent sur ses jambes. Il tente de se les arracher assis, couché sur le dos, debout. Le talon sous les fesses, saisissant son pied à deux mains, il s'arrache la jambe gauche, tombe la tête la première et, à plat ventre, s'arrache la droite.

Il est encore à plat ventre lorsque la bicyclette passe lentement à côté de lui traversant la scène de gauche à droite. Il l'aperçoit trop tard et ne peut la rattraper en rampant. Se redressant et soutenant de ses mains son tronc vacillant, il découvre qu'il peut utiliser ses bras pour se déplacer, à condition qu'il donne de l'élan à son tronc, le jette en avant, et que ses mains suivent, etc. Il s'exerce à cette nouvelle façon de marcher. Il attend la bicyclette tout d'abord près du cadre de scène à droite, puis à gauche. La bicyclette ne vient pas. L'homme qui est peut-être une marionnette s'arrache simultanément les deux bras, le droit de la main gauche et le gauche de la main droite. Derrière lui la barre transversale sort du plancher et s'élève jusqu'à la hauteur de sa tête, cette fois pour qu'il ne tombe pas. La bicyclette descend des cintres et s'immobilise devant lui. Adossé à la barre transversale, l'homme qui est peut-être une marionnette contemple ses jambes et ses bras éparpillés sur la scène ainsi que la bicyclette dont il ne peut plus se servir. Il pleure de chaque œil une larme. Deux aiguillons beckettiens s'avancent à droite et à gauche à la hauteur des yeux. Ils s'arrêtent tout près du visage de l'homme qui est peut-être une marionnette, il n'a qu'à tourner la tête, une fois à droite une fois à gauche, l'aiguillon se charge du reste. Les aiguillons repartent avec chacun un œil à sa pointe. Des orbites vides de l'homme qui est peut-être une marionnette sortent des poux qui se répandent noirs sur son visage. La bouche crie. La bouche s'engendre dans le cri.

MORT A BERLIN 1

Un cimetière des pauvres se dresse, noir, pierre
[contre pierre.
Les morts contemplent de leur trou
L'écroulement rouge. Il a le goût d'un vin fort.
Ils sont assis tricotant le long du mur
Des bonnets de suie pour leurs crânes nus
Au son de la Marseillaise, ce vieux chant guerrier.
(Georg Heym)

MORT A BERLIN 2

Service de cancérologie. Hilse. Le jeune maçon.

JEUNE MAÇON : Comment vas-tu, vieux
HILSE : Si tu me le demandes, moi
Je ne vais pas bien. Mais je ne suis que la moitié
De moi-même, le cancer a bouffé l'autre.
Si tu demandes à mon cancer, lui va bien.
JEUNE MAÇON : J'ignorais. Je croyais que c'était
A cause des pierres qu'ils ont déversées
Sur tes vieux os il y a quinze jours
Au chantier parce que tu n'as pas fait la grève.
HILSE : Je le croyais moi aussi. On m'a détrompé.
Il suffit d'aller chez les blouses blanches
Ils te trouvent quelque chose. Personne n'y échappe.
JEUNE MAÇON : Tu t'en fous du cancer. Ça passera.
HILSE : Tu n'es pas médecin. Tu n'as pas besoin de
[mentir.
Nous formons un parti, mon cancer et moi.

Tu vois cette main, elle ne tiendra plus de truelle.
Ma dernière bière pue dans les champs d'épan-
[dage.
Veux-tu que je te dise ce que j'aimerais encore une
[fois.
L'unique chose au monde, mon gars
Dont on ne soit jamais rassasié. Tope-là.
Tu peux me croire. J'ai tout traversé.

JEUNE MAÇON : Oui.
Que veux-tu que je fasse. C'est une putain.
Je croyais que c'était la sainte Vierge.
Et j'ai paradé avec elle comme un imbécile
Et personne ne m'a rien dit et tous
Vous le saviez, toi aussi, et vous vous êtes
Foutus de la gueule de cet imbécile
Qui ramasse une putain dans le ruisseau
Et qui la présente comme si c'était la Vierge Marie.
Ne l'avez-vous pas tous enfilée.
Sais-tu ce que c'est cette sensation, vieux,
Te promener dans Berlin à côté d'un ange
Tu te dis qu'elle est un ange, belle comme aucune
De celles que tu as eues avant, et je serais incapable
De les compter sur les doigts de la main, mais
[aucune
N'était comme elle, à peine tu regardes ses jambes
Par exemple, te voilà déjà saoul, et
A présent tu te promènes dans Berlin avec elle et
[tout
Ce qui a une queue se retourne sur son passage et
A chacun qui se retourne tu te dis
Peut-être que celui-là l'a enfilée.
Si quelqu'un te raconte par exemple que ton parti

Pour lequel tu t'es éreinté
Et fait éreinter depuis que tu sais
Distinguer la droite de la gauche, et maintenant
[quelqu'un te raconte
Qu'il ne se ressemble plus à lui-même
Ton parti, tant il est devenu merdeux
Tu grimpes au mur et sans ascenseur.
SORS DU RUISSEAU ET VIENS A MOI. Hier elle me l'a
Dit. Tout. Et jusqu'à hier je ne savais pas
Combien une nuit peut être longue. Et c'est ça
Qui est complètement dingue : tout est comme
[avant.
A peine je la regarde je suis saoul.
SORS DU RUISSEAU ET VIENS A MOI. Mais parfois c'est
[comme si
On me retournait le couteau entre les côtes.
SORS DU RUISSEAU ET VIENS A MOI. Je lui ai demandé
Si elle avait de quoi poser une canalisation
AMENER L'EAU À CANITOGA en mettant bout à bout
[toutes les queues.
Va savoir pourquoi. Sais-tu ce qu'elle a dit.
« Je ne les ai pas comptées. » — Que veux-tu que
[je fasse.
Elle attend un enfant. Elle dit qu'il est de moi.

HILSE : Tu l'as amenée.

JEUNE MAÇON : Elle attend dehors.

Il sort. Battements du cœur. L'agonie commence. Le jeune maçon revient avec la fille.

HILSE : Rosa la rouge. Voilà comme on se retrouve.
La Spree t'a déjà lavée de tout ce sang.
Tu as l'air pâle. Les rats dans le Landwehrkanal
Se sont-ils acharnés sur toi. Les chiens.

Les lâches chiens. Ils sont pires
Que les rats. Et je suis prêt à parier que tu te
[trouvais mieux
Entre deux eaux dans les égouts
Des fabriques où chacun te connaît
Que dans le JARDIN D'ÉDEN. Oui, le voilà leur
[paradis.
Le paradis des escrocs et des bouchers.
FILLE : Qu'est-ce qu'il raconte.
JEUNE MAÇON : Je te le dirai tout à l'heure. Laisse-le.
HILSE : L'eau ne t'a donc pas gardée, Rosa.
Quand bien même ils feraient de nous tous du
[savon
Aucun savon ne les lavera de ton sang.
Faisait-il froid à la morgue. Sais-tu, camarade,
Que la première fois où je t'ai vue de près
Je veux dire comme maintenant, c'était en janvier
Et tes yeux étaient aveugles, sur le catafalque.
Douze heures durant, devant lui, nous avons défilé
Puis derrière vos cercueils à travers Berlin
Sans un mot et le ciel était de plomb.
A présent tu as l'air plus jeune. *Malicieux* : Je sais
[pourquoi.
Me reconnais-tu. Je suis l'éternel maçon.
Les pyramides d'Egypte, une
Forteresse contre le temps, sont ma signature.
Rome aussi je l'ai bâtie, sur ses sept collines
Rebâtie après chaque incendie, rebâtie après cha-
[que guerre.
Le Capitole par exemple et la colonne
Au pied de laquelle César s'est vidé de son
[sang

Avec dans les côtes ses vingt-trois poignards.
Et puis les gratte-ciel de New York.
Et toujours ce fut pour les capitalistes
Pendant mille ans. Mais à Moscou pour la pre-
[mière fois
Je fus mon propre chef :
Le métro. L'as-tu vu. Et maintenant
Les capitalistes je les ai emmurés.
Une pierre, une couche de mortier. Si tu avais
[encore des yeux
Tu pourrais à travers mes murs voir apparaître
Les drapeaux rouges sur le Rhin et la Ruhr.

JEUNE MAÇON : Dis quelque chose. N'importe quoi.
Il est en train de mourir.

FILLE : Même sans yeux je les vois —
Le jeune maçon lui souffle.

FILLE : Camarade.
Les drapeaux rouges — *Le jeune maçon lui souffle.*
Sur le Rhin et la Rhur. *Le maçon à l'agonie sourit.*

HILSE : Vous le trouvez trop calme le cimetière des socialistes.

FILLE : Non. Parfois on entend jouer les enfants.
Ils jouent au maçon et au capitaliste.

HILSE *rit* : Et aucun ne veut être le capitaliste.

FILLE : Oui.
Les battements du cœur se sont arrêtés. Silence.

Medeaspiel

traduit de l'allemand par
Jean Jourdheuil et Jean-François Peyret

Un lit descend des cintres et se pose debout. Deux femmes avec masques mortuaires apportent sur scène une jeune fille et l'installent dos au lit. Habillage de la mariée. On l'attache au lit avec la ceinture de la robe de mariée. Deux hommes avec masques mortuaires apportent le marié et le posent visage tourné vers la mariée. Il fait le poirier, marche sur les mains, fait la roue devant elle, etc. ; elle rit silencieusement. Il déchire la robe de mariée et prend place à côté de la mariée. Projection : accouplement. Avec les lambeaux de la robe de mariée les masques mortuaires hommes ligotent les mains et les masques mortuaires femmes les pieds de la mariée aux montants du lit. Le reste sert de bâillon. Pendant que l'homme, devant son public féminin, fait le poirier, marche sur les mains, fait la roue, etc., le ventre de la femme se gonfle jusqu'à ce qu'il éclate. Projection : accouchement. Les masques mortuaires femmes sortent un enfant du ventre de la femme, défont ses liens et lui mettent l'enfant dans les bras. Pendant ce temps les masques mortuaires hommes l'ont tellement couvert d'armes que l'homme ne peut plus se mouvoir qu'à quatre pattes. Projection : massacre. La femme ôte son visage, déchire l'enfant et jette les morceaux dans la direction de l'homme. Des cintres tombent sur l'homme ruines membres entrailles.

Un fil descend des cintres et se pose sur [illegible]. Des femmes avec masques mortuaires apportent [illegible] ou une jeune fille et l'installent dans la [illegible] de la maison. On l'habille [illegible] à [illegible] même. Deux hommes avec masques mortuaires apportent le [illegible] et le posent [illegible] vers la [illegible]. [illegible] sur les [illegible] devant elle [illegible]. Puis une [illegible] de [illegible] prend place à côté de la [illegible]. Projection [illegible] accompagnement. Avec les lambeaux de [illegible] les masques mortuaires [illegible] les [illegible] femmes [illegible] de la [illegible] aux [illegible]. Le [illegible] de bâton, Zentaur que l'homme devant son [illegible] la [illegible] de la femme [illegible]. Les masques mortuaires [illegible] un [illegible] de la femme [illegible] dans les [illegible] les masques [illegible] hommes, l'un [illegible] plus [illegible] quatre pattes [illegible]. Le [illegible] dans la direction de l'homme. Des [illegible].

Le dieu Bonheur

traduit de l'allemand par
Jean-Louis Backès

Vers 1958, Paul Dessau m'a demandé si je pouvais faire un livret d'opéra avec le fragment de Brecht intitulé *Les voyages du dieu Bonheur*. De ce fragment je ne savais rien de plus que ce qu'en dit, dans une prose extraordinairement sensuelle, dans une prose qui a un œil sur le cimetière, l'avant-propos que Brecht, dans la dernière période de sa vie, a écrit pour ses premiers drames. J'acceptai. Puis je lus le fragment. Il ne m'en reste qu'une impression, rien de plus. La sensualité y était plus affirmée que vécue : c'est un buveur d'eau qui prêche pour le vin. La faute n'en est pas à l'auteur, mais au lieu où il écrit : Hollywood, le Weimar de l'émigration allemande antifasciste ; mais, à l'époque, ou plutôt au croquis d'époque d'après lequel il a taillé son œuvre (= son attitude devant les contradictions de cette époque-là). La coupe implique réduction ; c'est le prix de la discipline.

La première difficulté (impossibilité) venait de la figure du dieu Bonheur. Des figures sculpturales (dieux, monuments, types) peuvent servir de catalyseurs lorsqu'une expérience a devancé l'histoire. Ce sont des concrétions qui aident au dépôt d'une sagesse que le progrès peut utiliser comme explosif. Mais, si le processus a eu lieu dans l'autre sens, elles n'ont plus aucun pouvoir. Il en va de même pour la parabole, qui est l'espace où elles se meuvent. Elle se marginalise. Elle a un avenir (obscur) : quand toutes les chances ont été gaspillées, ce qui a été croquis d'un nouveau monde recommence à exister comme dialogue avec les morts. Dans la science-fiction, qui transforme les catastrophes en concetti ronronnants, son usage est trivial. Un fait positif : sur fond d'histoire universelle, dont le communisme, comme égalité des chances, est la condition, le dialogue tend à une libération du passé. L'anticipation produit un art décoratif qui entretient avec l'art le même rapport que la cosmétique avec la chirurgie. Dessau voulait développer un nouveau genre de musique à faire chez soi; c'est pourquoi il avait composé des mélodies pour certaines des *Chansons du dieu Bonheur* que Brecht avait écrites dans les années quarante; textes d'une beauté historiquement défunte. (Si on devait l'évoquer, elle reviendrait sous un autre costume, ou toute nue.) Je n'ai pas trouvé de lieu pour elles, ni en général pour quelque chanson que ce soit, dans les bouts d'essai auxquels le DB a été soumis depuis son expulsion de l'univers des paraboles, univers détruit, mais toujours intact. La reconstruction démolit les maisons que la guerre a laissé debout et les rend impropres à la musique, même à celle qu'on fait chez soi. Le duel entre l'industrie et l'avenir ne sera pas arrangé par des chansons que l'on peut écouter assis. La musique qui lui convient est le cri de Marsyas, qui fait sauter les cordes de la lyre sous les doigts du bourreau divin.

L'échec de ma tentative pour mener à son terme une esquisse de Brecht donne quelque idée de ce qu'est le changement de fonction de la littérature dans une période de transition. Les décombres sont, comme les monuments, des matériaux de construction qui viennent tout droit des carrières.

Le travail s'avéra vite impossible (pour moi). Brecht démarrait poétiquement : un ange aux ailes brûlées venait de la terre martyrisée par la guerre et réveillait le dieu Bonheur ; ce début posait la question sur un terrain déterminé, présupposait l'image du monde comme objet sphérique. Ma réalité de 1958 ne pouvait plus, ou pas encore, être représentée de manière aussi fermée ; mon globe se composait de fragments en lutte les uns contre les autres, unis, dans le meilleur des cas par le corps-à-corps. La figure ronde du DB (imperméable à la réalité ; on ne peut pas le détruire = il ne peut rien apprendre), je ne pouvais en faire qu'un ballon passivement entraîné d'un bout à l'autre du terrain et dont le trajet donne une idée des positions changeantes que les joueurs occupent. Lui, il ne pose pas le pied par terre. Trois essais pour le mettre en jeu.

AUTOPRÉSENTATION DU BALLON

DB : Je suis le dieu Bonheur. J'ai dormi dix mille ans. Peu importe où. J'ai été réveillé par un bruit qui venait de la terre, une espèce de tonnerre, mais plus fort, et qui durait plus longtemps. Comme ça ne s'arrêtait pas, j'ai jeté un coup d'œil. Il y avait des flammes géantes qui couraient sur toute la planète. J'ai décidé d'aller voir...

VENU DU NÉANT, LE BALLON EST MIS EN JEU

PAYSAN : Nous sommes des paysans. La récolte a été mauvaise, etc. Nous avons dix enfants. Voilà ma femme. Maintenant, nous allons nous installer. Musique !

Musique.

PAYSAN, FEMME, ENFANTS : Nous mangeons notre dernier morceau de pain.

Ils mangent pendant l'ouverture. Entre le DB.

DB : Je suis le dieu Bonheur... Je vais vous faire cadeau de cette corbeille, parce que vous êtes pauvres. Prenez-y tout ce que vous voulez. Il y restera toujours quelque chose.

PAYSAN : Il n'y a rien dedans.

DB : Il faut d'abord y mettre du vôtre.

PAYSAN : Nous n'avons rien. Nous ne pouvons pas y mettre du nôtre. Il est gras.

Le DB *s'enfuit.*

LE CHOC

Au ciel. Le DB *sur un nuage. Il dort. Une explosion fait crever le nuage. Le* DB *tombe.*

CHAMP DE BATAILLE

DB : La planète est méconnaissable. Voilà sept jours que je marche et, par exemple, je n'ai pas encore vu un arbre.

Il se prend les pieds dans une souche et tombe.

Pas le moindre humain.

Il tombe dans un trou de bombe. Il en sort avec un

casque à la main ; ne sait qu'en faire, essaie de s'en servir comme d'un chapeau, d'un pot de chambre d'un ballon de football, d'un tambour.

Pas un humain.

Sort du trou un soldat avec une jambe de bois.

DB : Qui es-tu ? Le soleil passe à travers ton corps. D'où viens-tu, créature à la jambe de bois ?

S : Le tambour, c'était toi ?

DB : Oui.

S : Pour dire quoi ?

DB : Rien.

S : Alors, tiens-toi tranquille.

DB : Allons !

S : J'ai dit : tais-toi !

DB : T'es pas vraiment gentil, l'ami.

Sort du trou de bombe un soldat mort avec un masque à gaz.

S2 : Pourquoi serait-il gentil, l'ennemi ?

DB : Je ne suis pas ton ennemi, frère. Regarde-moi.

S2 : Alors prête-moi tes yeux.

DB : Tu vois rien ?

Le second soldat enlève son masque. Il n'a pas de visage.

S2 : Tu vois bien.

Le DB se cache la figure dans les mains et se détourne. Rire du soldat à la jambe de bois.

S1 *rit encore* : Va lui serrer la main. Elle est en fer.

Le soldat aveugle tend son crochet au DB, qui recule.

DB : Je te crois sur parole.

Il s'est éloigné.

Ton autre jambe, qui te l'a prise ?

S1 *montre l'aveugle* : C'est lui.

DB : Qui les a pris, tes yeux ?
S2 : C'est lui.
DB *leur parle à tous les deux* : Pourquoi ?
Les soldats rient.
S1 : Il se fiche de nous.
S2 : Il n'est pas bien malin.
S1 + S2 : C'était la guerre.
DB : La guerre ? C'est quoi ?
S2 : T'es amnésique ?
DB : Les dieux ne savent pas ce que c'est que la guerre.
S1 + S2 : Les dieux ne savent pas ce que c'est que la [guerre.
Ils se tordent de rire. Tout en riant, ils font une démonstration au DB : ils lui tapent sur la tête, lui bottent les fesses, se le renvoient l'un à l'autre comme un ballon, etc.
S1 : Le feu descend du ciel,
S2 : le feu vient de la terre
S1 : Le feu est devant toi,
S2 : le feu est dans ton dos,
S1 + S2 : C'est ça, la guerre, mon petit dieu !
DB : Pourquoi ?
S1 + S2 : Le soldat ne sait pas pourquoi la guerre est [là.
DB : Vous étiez ennemis ? Comment le saviez-vous ?
S2 : Tu as des yeux ? Sers-t-en.
S1 : La couleur des habits.
DB : Si vous étiez tout nus, on vous distinguerait ?
S1 + S2 : Non.
DB : Pourquoi avez-vous mis ces habits ?
S1 + S2 : Pour défendre nos biens contre les ennemis.
DB : Vous les avez bien défendus.

S2 : Il ne foulera plus le sol de mon pays.
S1 : Il n'a plus de sol, ton pays.
S2 : Toi, tu n'as plus de pied.
S1 : Et toi, tu n'as plus d'yeux.
Tu ne vois pas les bois et les prés de chez moi.
S2 : Et si j'avais des yeux, je ne les verrais pas,
Car ils ne sont plus là.

LE DB MET SON ESPOIR DANS LES ENFANTS ET SE CASSE LES DENTS.

Tous les arbres ont brûlé ; tous les chiens ont été mangés ; tout ce qui dépasse à la surface de la terre est affamé, sauf le DB, *qui cherche à protéger le (dernier) chien contre des enfants en maraude. Le chien lui pisse dessus. Les enfants le chassent avec trois chansons et attrapent le chien.*

1
Il était un bel enfant,
Qu'avait bu un coup d'pinard.
Le prof dit : « Qu'est-ce que ça sent ? »
Un, deux, trois, le voilà noir !

2
Le type avait plus qu'un' patte.
Il pouvait plus travailler.
Il r'gardait les enfants jouer,
Jouer à être culs-de-jatte.

3
Le prof dit au gamin
Enlève tes mains de tes poches

Elles sont pas propres mes mains
Lui répond le gamin

Chez le roi le gamin
Garde ses mains dans ses poches
Elles sont pas propres ses mains
On arrête le gamin

Le roi dit au gamin
Enlève tes mains de tes poches
Elles sont pas propres mes mains
Lui répond le gamin

Va tout de suite les laver
Moi je coupe toutes les mains sales
Le gamin dit *Coupez*
Le roi il devient pâle
Le roi il se sent mal.

LE DB ET LA RUE

1

DB : Et mes disciples, où sont-ils ?
FOULE : Pendez-le. Ils nous mangent la laine sur le dos.
Le DB *s'enfuit dans le palais du gouvernement.*

2

DB : Vous buvez quoi, les gars ?
LE GROS *grogne* : De l'eau.
LE MAIGRE *fier* : Naturellement.
DB : Quoi, me faire ça ! à moi ! Boire de l'eau ! comme [des chiens !
Quand on me torturait, j'ai réclamé du vin.

Je croyais que vous étiez prêts pour le bonheur
[maintenant.
LE MAIGRE : On est prêts, vieux, fin prêts. On t'en
[remercie bien.
Pour aller au bonheur on connaît qu'un chemin.
LE GROS : Enfin, ici.
DB : Vos vignes. A quoi elles servent, vos vignes ?
LE MAIGRE : Le vin est exporté. Ça nous fait des
[machines.
DB : Les machines font du bruit.
LE MAIGRE : Et font manger les gens.
DB : Ça fait des lendemains qui chantent pas telle-
[ment.
Il montre une banderole.
Mes idées, c'est pas ça.
JEUNE HOMME : Qui c'est ce zigoto ?
DB : Vous étiez mes disciples, et vous buvez de l'eau.
JEUNE HOMME : T'es quoi, gros lard ?
DB : Ami prenez un autre ton,
En qualité de dieu, je connais les plaisirs,
Mais ne demande pas quel en sera le prix.
LE GROS : Y a du bon sens là-dedans. Il a pas tort, le
[gros.
JEUNE HOMME : Qu'il soit dieu ou pas dieu, ce qu'il dit
[est pas idiot.
LE GROS : Il pisse pas à côté.
JEUNE HOMME : Il est vachement malin.
TOUS LES DEUX *au maigre* : On emmerde les machi-
[nes.
Au DB : Et toi, donne-nous du vin.
LE MAIGRE : Vous en aurez demain. C'est l'heure de
[travailler.

Disparais, dieu. Sans ça, je t'apprendrai à prier.
DB : Allons chercher ailleurs un endroit écarté
Où d'être un dieu pour soi on ait la liberté.

LE DB ET LE MENDIANT

DB : Dis-moi quel est ton nom, squelette décharné !
MENDIANT : On m'a dit : Votre Altesse. On m'a dit :
[Majesté.
Mais je suis le dernier, et j'ai les chiens au cul.
DB : Moi, je suis dieu. Ce n'est pas la gloire non plus.
MENDIANT : Quoi ! Le bonhomme en or qu'on voit
[sur les images ?
DB : Lui-même. Et ce n'est pas ce qui me rend plus
[sage.
MENDIANT : Ne t'ai-je pas pendu, quand j'étais au
[pouvoir ?
J'avais payé le show dont tu étais la star.
Et tu as bien dansé avec un nœud coulant
A ton cou délicat.
DB : Oui. C'était le bon temps.
MENDIANT : N'en parlons plus. C'est mort. J'avais de
[bons bourreaux,
On a tout ce qu'on veut quand on a des fafiots,
Ils t'ont décapité de la belle manière ;
Ta tête a sauté comme une balle légère.
DB : On savait vivre alors.
MENDIANT : Toi, tu l'as ramassée
Et remise à sa place. On t'a bien acclamé.
DB : Maintenant je ne suis qu'un ballon compissé,
Hors jeu.
MENDIANT : Je t'aurais cru recherché, adulé.

DB : Moi aussi, j'aurais cru
MENDIANT : Allez, on recommence.
Tu es un dieu, mon pote, et tu n'as qu'à siffler
Pour que le vieux désir mène à nouveau la danse.
Je reprends le pouvoir, et on rit, qui qu'en grogne.
DB : Je voudrais être mouche et sucer ta charogne.
Il renverse le mendiant et danse sur son corps.

DISCOURS DU DB A UN RAT MORT SUR LE BONHEUR QU'ON ÉPROUVE A TRAVAILLER COMME ENGRAIS ET COMME TERRAIN A BATIR.

Sylla l'indolent Romain soumit à son pouvoir amis
[et ennemis
Alexandre le Grec fit sentir à l'Inde la force de son
[bras.
Celui-là mourut dévoré par les poux, celui-ci,
[piqué par une mouche.
Terrible est pour l'homme la vermine sur la pla-
[nète où est sa demeure
Rats poux capitalistes général et microbe...
Tchoungking fut appelé Métropole des rats
Des rats comme des chats, et voraces comme le
[capitalisme.
Les enfants qui naissent aujourd'hui à Tchoung-
[king ne verront
Pas un rat à Tchoungking, pas un rat dans toute la
[Chine, aussi longtemps qu'ils vivront.
Ils considéreront non sans curiosité l'image de ce
[mal depuis longtemps

Vaincu ; ils comprendront à peine que leurs aïeux
[aient pu en avoir peur ;
Ils apprendront tous les détails d'un combat qui a
[duré dix heures
Contre un fléau qui avait duré dix mille ans...

Alors Wu Yi-tse raconta *Comment Tchoungking livra bataille à ses rats.* Deux cent mille activistes expliquèrent le plan à tous les habitants âgés de sept ans et plus, s'assurant qu'ils étaient prêts à collaborer. La campagne d'explication dura du 24 décembre 1957 au 10 février 1958.

Les hommes étaient convaincus. Il leur fallait agir. La bataille dura sept jours et sept nuits, du 10 au 16 février. Le cri de guerre était : ils (les rats) ne doivent pas voir le Nouvel An (de l'année lunaire). Le Nouvel An tombait le 18 février. L'intervention de masse devait utiliser deux techniques : appâts empoisonnés dans tous les recoins et soufrage des égouts. Les activistes distribuèrent plus de sept millions d'appâts. Chaque ménagère devait, au matin, rendre l'appât qui lui avait été confié la veille au soir ou remettre un cadavre de rat au point de contrôle. On écarta ainsi le risque d'accidents ; et le décompte des nuisibles détruits fut facilité.

D'emblée, le quartier général l'avait compris : les appâts seraient inutiles si l'on ne parvenait pas à anéantir les rats dans les égouts souterrains de la ville. Mais on compte, rien que pour le centre-ville, six mille sept cents ouvertures ; chaque cuisine, chaque W.-C. conduit à un canal ! La longueur totale des égouts atteint cent quarante-quatre kilomètres. Le quartier général ne se laissa pas impressionner. Cent mille « organisateurs », répartis en dix-sept mille groupes, se chargèrent de mettre chaque maison, chaque atelier, en état d'alerte.

On fit deux essais de soufrage des canaux. Il fallait acquérir une expérience avant de se lancer dans cette entreprise inouïe. Le premier essai fut réalisé sur une longueur de cent mètres, le second, sur une longueur de deux kilomètres. Le procédé technique est simple : on allume du soufre dans de grands récipients métalliques que l'on jette dans les égouts. Pour que ce procédé puisse être efficace dans une grande ville, il faut que tous les habitants sans aucune exception participent à l'entreprise. Toute la population doit être prête, dès que le signal en est donné, à boucher toutes les ouvertures qui dans chaque maison communiquent avec le système des égouts. Il faut prévoir pour chaque maison une quantité suffisante d'argile. Si un seul des six cent mille foyers fait preuve de négligence, le succès est compromis et des vies humaines sont en danger.

Le 16 février, deux jours avant le Nouvel An, voici quelle était la situation. Des troupes de la garnison avaient, en quatorze heures de travail de choc, transporté l'argile sur des camions de l'armée. L'argile avait été distribuée. On avait nommé les responsables du bouchage. Chaque habitant de Tchoungking savait que pendant cette nuit-là il serait exclu d'utiliser les toilettes et les éviers. Il ne devait pas tomber une goutte d'eau dans les égouts ! A 20 heures, le quartier général donna le signal. Tous les haut-parleurs diffusèrent l'ordre en même temps : Allez ! Les sirènes des usines se mirent à hurler. C'était le début de dix heures tragiques, dont on ne savait pas si elles aboutiraient à un succès...

Cette nuit-là, on vit des actes d'héroïsme. Les jeunes avaient pour tâche d'avertir les pompiers dès qu'ils repéreraient une fuite de gaz. Les patrouilles de pionniers n'attendaient pas les voitures de pompiers ; il y en eut qui murèrent au péril de leur vie des plaques dont, comme il fallait s'y attendre, l'étanchéité n'était pas parfaite et qui mettaient les environs en danger. Des pensionnaires de l'asile de vieillards s'étaient présentés comme volontaires ; certains d'entre eux avaient plus de quatre-vingt-dix ans. Les femmes veillèrent toute la nuit pour surveiller les installations sanitaires et éviter qu'elles ne soient utilisées. Quatre-vingt-quinze pour cent de la population mobilisable avaient pris une part active à l'opération Mort aux rats.

A 4 heures du matin, nouveau signal. On retira les bouchons d'argile. Là encore, il fallait opérer dans une parfaite synchronisation. Il fallut encore attendre deux heures avant qu'un dernier signal fasse savoir à la population que tout danger était écarté.

« Voyez-vous », disait pour conclure le camarade Wu Yi-tse, « un travail bien mené peut transformer un mal en un bien. Les rats sont un mal, tant qu'ils sont en vie. Mais cinq millions sept cent mille rats morts, cela fait une quantité appréciable d'engrais pour les paysans de notre collectif. C'est une bonne chose. Mais il y a meilleur encore : l'enseignement que nous avons tiré de ces journées... »

Bruno Frei, *Die Weltbühne, 16.7.1958*

LES ROLES DU DB (CHANTEUR, PROVOCATEUR, ACTIVISTE, HOMME D'ÉTAT)

1

Y avait une ville qui s'appelait Dan Dee
Avec des gens de tout acabit
Des qui priaient, des qui se faisaient du fric
V'là un chanteur qu'arrive et qui leur dit
Que la force du chant
Nous unisse éternellement
A Dan Dee

Voilà que par la force du chant,
Ils sont tous frères, tous les habitants,
Tous exploiteurs, exploités, exploitants.
Ça n'a duré qu'une nuit malheureusement
Car la force du chant
N'agit que provisoirement
A Dan Dee

Le lendemain le soleil a lui
Y avait du blanc du noir et plus de gris
C'était pas gai le noir à Dan Dee
Et le chanteur on l'a fait marquis
Et puis
Pendu
Pendu/marquis, pendu/marquis, pendu/marquis...

ORPHÉE LABOURÉ

Orphée le chanteur était un homme qui ne savait pas attendre. Il perdit sa femme pour avoir couché avec elle trop tôt après son accouchement, ou pour l'avoir regardée, quand son chant l'eut libérée de la mort, avant qu'elle ne soit redevenue chair; elle sortait du royaume infernal, elle retomba en poussière. Orphée inventa la pédérastie, qui évite les problèmes de couches et s'approche de la mort plus que l'amour des femmes. Les femmes offensées se mirent à sa poursuite avec les armes de leurs corps, avec des branches et des pierres. Mais le poème épargne le poète : ce qu'il avait chanté ne lui faisait pas mal. Des paysans, effrayés par le bruit de la poursuite, abandonnèrent leurs charrues qui jamais n'avaient trouvé place dans son chant. C'est pourquoi il mourut sous la charrue.

2

LE BONHEUR DE LA PRODUCTIVITÉ : LA FIANCÉE DU SOLDAT

(d'après Urs Graf)

Une femme-tronc avec un pilon
Devant un paysage marin. Enceinte.
Economique : elle peut pas te faire les poches.
Tranquille : elle s'accroche pas à tes basques.
LA FEMME-TRONC C'EST PAS TON PATRON. Elle
Te courra pas derrière. Si tu pars
Tu pars.
Tu lui fais un petit au revoir.
Il lui reste quand même des yeux (deux).
Quatre mille filles sans bras t'embrassent
Quatre mille filles enceintes avec des jambes de bois
Marchent sur ta trace.

3

IL FUT LE PREMIER : les autres glanaient
Dans les champs des bons paysans
Lui il prit de vieux outils et des méthodes neuves
Pain sec en poche, il alla chercher le charbon.
Ils le battaient. Ils avaient froid. Ils étaient là
A côté des machines lentes.
Ils l'injurièrent ; puis ils firent comme lui.

4

NAPOLÉON PAR EXEMPLE se mit à pleurer
A Wagram quand sa garde en retraite
Passa sur le corps de ses propres blessés
Et les blessés criaient VIVE L'EMPEREUR
Le monument fut ému ; le mortier criait.
Un beau dimanche, après le travail, il partit,
Lui, LÉNINE, pour la chasse au lièvre, en compagnie
De son seul chauffeur. C'était son congé. Il alla
Tout seul dans la forêt. Le chauffeur devait
Rester près de la voiture qui était irremplaçable.
Lénine rencontra un paysan qui cherchait
Des champignons. Il laissa tomber la chasse.
Le vieux pestait contre le pouvoir soviétique
Au village, plus haut, plus bas, toujours des discours,
Pas de farine. Pas beaucoup de champignons non
[plus.
Il rit quand Lénine nota ses plaintes, le nom du
[village,
Celui des camarades, et leurs erreurs.
Lui aussi il s'était plaint. Plus d'une fois.
Qui sommes-nous. Si tu étais Lénine par exemple

Si Lénine était un homme comme toi, qui écoute ce
[qu'on lui dit
On pourrait croire que ça irait autrement
Mais tu n'es pas Lénine et tout reste comme c'est.
Pourquoi Lénine n'a-t-il pas dit au vieux
Dans la forêt près de Moscou qu'il était Lénine...

LE MORT JOYEUX

DB : Tu es bien joyeux, mort.

LE MORT : Quand on est mort, on n'a pas le droit
D'être joyeux ?

Le DB pleure.

L'ANGE MALCHANCEUX

Derrière lui le déferlement du passé, des galets déversés sur ses ailes et sur ses épaules, avec un bruit de tambours enterrés, pendant que devant lui s'amasse le futur qui lui appuie sur les yeux, fait sauter ses pupilles comme une étoile, transforme la parole en bâillon sonore, l'étouffe avec sa respiration. Un moment encore on voit battre ses ailes, on entend les cailloux dévaler devant lui, au-dessus de lui, derrière lui, bruit plus fort quand s'exaspère son vain mouvement, entrecoupé quand il ralentit. Puis l'instant se referme sur lui : rapidement recouvert, l'ange malchanceux entre dans son repos ; son vol, son regard, son souffle sont de pierre ; il attend l'histoire. Jusqu'à ce que reprenne le frémissement de ses coups d'aile, qui se communique en ondes à la pierre et montre qu'il va s'envoler.

TABLE DES MATIÈRES

CET OUVRAGE A ÉTÉ ACHEVÉ D'IMPRIMER LE VINGT-SEPT OCTOBRE MIL NEUF CENT QUATRE-VINGT-DIX-SEPT DANS LES ATELIERS DE NORMANDIE ROTO IMPRESSION S.A. À LONRAI (61250)
N° D'ÉDITEUR : 3228
N° D'IMPRIMEUR : 972285

Dépôt légal : octobre 1997